Devoir de mémoire

Remettre au centre ce qui est à la base

Thomas Malbrouck

"Dans ce livre, vous trouverez des choses que vous connaissez, et d'autres que vous connaissez parfaitement. Mais gardez à l'esprit que si vous prenez trois personnes au hasard dans la rue, l'une d'elle aura toujours quelque chose à vous apprendre"

Thomas Malbrouck

"J'ai remarqué que lorsque les gens pensent avoir compris quelque chose, ils arrêtent leurs réflexions sur le sujet. Alors ils arrêtent d'apprendre. Si vous voulez continuer d'avancer, assurez-vous de ne jamais avoir complètement compris quelque chose."

Richard Blander - Un cerceau pour changer

Préface

Une guerre de répétition

Mercredi 13 janvier 2021, j'émerge d'une nuit blanche. Pour certains, c'est anodin, mais pour moi c'est très rare. J'ai en temps normal le sommeil très lourd. Ma femme a toujours été subjuguée par ma capacité à dormir alors que mon fils de trois mois pleurait toute la nuit à côté de mes oreilles. J'ai ce qu'on appelle « le sommeil imperturbable ». Pourtant, j'ai passé la nuit à ressasser. Le genre de nuit où l'on se pose des milliers de questions. Le genre de questions existentielles qui me feraient cataloguer de relou à un repas entre amis. Le genre de question à torturer un psy. « Mais qu'est-ce que l'homme est en train de faire ? » « Pourquoi il fait ça ? » « Pourquoi il y a la guerre dans le monde ? » « Pourquoi y a du racisme ? » « Pourquoi y a des méchants ? ». Le genre *de question à dormir debout* comme on dit.

« *H20: l'eau, la vie et nous* », voilà la source de mon insomnie. Une série reportage en trois parties que j'ai visionné d'une traite hier soir. Vous connaissez l'expression « ça ne va pas l'empêcher de dormir ». Eh bien là en l'occurrence si, totalement. Les images du reportage tournent en boucle dans ma tête, et les questions qu'elles génèrent avec. La principale d'entre elle est « Comment a-t-on pu se perdre si loin ? ».

Dans la série reportage, la journaliste américaine Kelly Mcevers raconte la façon dont l'homme exploite l'eau. Dans le 1er épisode, elle démontre le rôle de l'eau dans l'écosystème. L'eau est à la fois au centre de la vie, mais aussi au commencement de la vie. La vie avec un grand V. C'est-à-dire, la nature. Dans le 2e épisode, elle nous raconte, comment, grâce à la technologie, l'homme a puisé l'eau partout dans le monde, jamais sans conséquences. Puis dans le 3e volet, elle nous explique comment la gestion économique de cette ressource fondamentale, a participé à des crises sanitaires importantes dans différentes parties du globe.

Trois reportages d'une heure, que j'ai enchaîné d'un coup. Je suis troublé. Profondément troublé. Les questions fusent. La nuit passe sans que je ne ferme l'œil. Avec cette question qui revient sans cesse : « comment a-t-on pu en arriver là ? »

Est-ce que je suis utopiste ? On me l'a souvent reproché : « Le monde est dur », « L'histoire s'est écrite dans le sang », « l'homme est un loup pour l'homme », « manger ou être mangé », « ça nous dépasse, on peut rien y faire ». Voilà un petit panel de réponses automatiques pour clore le sujet d'une situation géopolitique abject où les gens meurent dans des souffrances terribles.

Aussi loin que je me souvienne, j'ai toujours eu une profonde aversion pour l'injustice. Ce qui est plutôt problématique dans une société où ne pas perturber l'ordre établi est souvent plus important que ce qui est juste ou ce qui est vrai. Pour l'ordre établi, je devrais me satisfaire de ma situation. Je fais partie de cette catégorie qui « n'est pas à plaindre ». Je suis correctement installé dans le système. J'ai une situation économique sereine, j'ai une famille magnifique et en parfaite santé. Je peux voyager dans le monde, me payer des voitures, de beaux habits, aller à des concerts. Je n'ai pas fait de grandes études, mais je gagne plutôt bien ma vie comparée au salaire moyen en France. J'ai pu créer ma société et je mène encore divers projets. Je n'ai jamais eu de problème avec la police. J'ai eu une enfance avec beaucoup d'amour. Je ne suis attaché à aucune religion ni aucun parti politique. Je me sens relativement libre. Je suis bien, je suis confortable. Et voilà le problème puisque normalement, quand on est plutôt confortable et qu'on ne manque de rien: on doit se taire. On doit la fermer! On doit se réjouir de ce qu'on a, parce que d'autres ailleurs, ont beaucoup moins. On doit accepter, on doit se soumettre, ou bien il faut partir: *La France, tu l'aimes ou tu la quittes* dit-on si facilement.

Ma vie est belle mais quelque chose me ronge de l'intérieur et je n'arrive pas à m'en défaire. « Je rêve d'un monde meilleur ». Et oui, rien que ça!
Je suis fatigué de voir inlassablement les mêmes problématiques politiques, chômage, immigration, évasion fiscale, corruption, extrême disparité, stigmatisation sociale, prédation économique, qui mènent inexorablement à la même finalité : la guerre.
De la souffrance, de la souffrance et encore de la souffrance. J'ai tellement entendu dire que le monde était ainsi. Que c'est l'ordre naturel des choses. Que c'est la loi universelle. Pourtant aucune loi de la nature ne nous pousse à faire la guerre. Ni le feu, ni l'eau, ni la terre, ni le vent ne nous pousse à massacrer notre prochain. Aucune plante, aucun insecte, aucun animal, aucun rocher ne nous pousse à nous tirer dessus. C'est nous qui faisons ça tout seul. Par nos croyances, par nos systèmes politiques, économiques, sociaux. Mais surtout par notre ignorance et notre cupidité. Est-ce que cela est immuable? Beaucoup de choses nous prouvent que non.

Le quotidien et les impératifs de la vie me rattrapent, alors j'avance… Mais je n'arrive jamais vraiment à m'en détacher. Inévitablement, j'y reviens toujours, à chaque guerre, chaque massacre, chaque tuerie, chaque rescapé, chaque migrant, chaque mendiant, les mêmes questions reviennent :
Pourquoi est-ce qu'il y a tant d'injustice dans ce monde ?
Quelles en sont les causes ?

Pourquoi est-ce qu'on s'y est-on autant habitué ?

Peut-on en sortir ?

Pourquoi est-ce que c'est devenu normal que des enfants meurent de la famine au Brésil comme le raconte Hans Ziegler dans son livre « l'empire de la honte » ?

Pourquoi est-ce qu'on s'est habitué à voir des enfants travailler dans les mines en Afrique ? Pourquoi est-ce qu'on accepte d'aller dans un pays soit disant pour faire la guerre contre une dictature afin de ramener la démocratie, alors qu'en fait on part massacrer des gens pour voler des ressources naturels ?

Pourquoi est-ce que la destruction de la forêt amazonienne ne peut être arrêtée ?

Pourquoi cette industrie agroalimentaire avec ses OGM qui nous rendent malades, ses pesticides qui tuent la terre, ses élevages de masses aussi ignobles que monstrueux ? Pourquoi cette surpêche qui tue les océans ?

Pourquoi est-ce qu'on accepte tant d'opulence au prix d'autant de misères ?

Pourquoi est-ce qu'on ferme les yeux?

J'ai l'impression de vivre dans le film de James Cameron, Avatar. Ce 1000e remake de Pocahontas, Le dernier Samouraï, Danse avec les loups, etc, qui raconte comment une société armée, avec comme fondement central le commerce, vient détruire un peuple qui vit en parfaite harmonie avec la nature pour s'approprier les richesses de la terre. Des richesses qui serviront à financer le progrès. Un progrès qui servira à développer l'industrialisation. L'industrialisation qui détruit la vie sur terre.

Est-ce que je vis dans un film ?

Comment en est-on arrivé là ?

Pourquoi s'est-on autant éloigné de la vie ?

Je n'arrive pas à me défaire de ces questions. Visionner ces incroyables reportages sur Arte ne m'y aide pas. Ni ces fascinants interviews sur la chaîne YouTube *Thinkerview*. Certainement pas non plus mes lectures de François Xavier Verschave sur la Françafrique. Et écouter les morceaux de Médine « enfant du destin » me donne carrément la rage. Dans un interview pour la sortie de son livre sur un célèbre et obscur fonds d'investissement, le journaliste Denis Robert pose cette pertinente question « Comment une société qui crée autant de richesse peut créer autant de misère ? ».
Je suis rassuré, je ne suis pas le seul à me poser ces questions. Comme lui et comme tant d'autres, nous ne vivons pas dans un film. Comme lui et comme tant d'autres, je suis bien éveillé, bien conscient de toute cette destruction et ces souffrances qui se déroulent juste là, à mes pieds. J'ai conscience d'être privilégié de n'avoir jamais souffert de la faim, de la soif, du froid. Et très loin de moi la prétention de comprendre la souffrance de vivre dans les favelas au Brésil, dans les bidonvilles de Johannesburg ou les camps de concentration en Palestine. J'ai conscience aussi de mon impuissance. Je me demande si cette impuissance est à l'origine de l'acceptation globale de la destruction de la vie. Cette impuissance me ramène à mes rêves de gosse d'être superman pour rétablir la paix et la justice dans le monde. J'imagine déjà les gens rigoler : « il veut la paix dans le monde lui. hahaha. il est mignon », « réveil toi coco, c'est pas le monde des bisounours », « changer le monde ? Mais c'est impossible ! ».

Force de constater qu'ils ont dans une certaine mesure raison. Ou en tout cas ils se sont fait une raison. Mais pas moi. Je n'arriverais jamais à me faire à l'idée que la vie : l'eau, la terre, les hommes, les animaux, les insectes, les arbres soient détruits par l'avidité de quelques hommes. Je n'accepte pas l'idée et encore moins sa fatalité. Je sais que les choses peuvent changer. Je sais que j'ai raison. Je n'en suis pas persuadé, ce n'est pas quelque chose que je crois, c'est quelque chose que je sais : les choses changent. Ça prend le temps que ça prend, mais elles changent. Vous connaissez le dicton : « *lentement mais sûrement* ».

L'idée d'un monde meilleur n'est pas un rêve. J'en suis la preuve vivante. Puisqu'il y a moins de 100 ans, la moitié des droits, des libertés, et du confort dont je jouis aujourd'hui n'étaient même pas imaginables aux gens de ma couleur de peau. Mais les choses ont changé. Pour toute chose qui paraît immuable, inamovible, indestructible, le changement est inévitable. Le changement fonctionne comme l'eau. Petit à petit, marche par marche, goutte par goutte, l'érosion fend toutes les roches et marque sa voie. Entre les traites arabo-musulmane (800 ans) et transatlantique (400 ans) les peuples africains ont subi un millénaire entier d'agressions, de vols, de pillages, d'islamisation, de christianisation, d'esclavage, d'esclavage sexuel, de déportations, de tortures, de cobaye d'expériences médicales. 1000 ans c'est une éternité. Mes ancêtres auraient pu se dire que c'était fini, que les agresseurs étaient trop puissants, trop riches, trop intelligents. Ils auraient pu abandonner. Subissant les pires violence physiques et psychologiques, certains ont fini par se soumettre à la servitude. D'autres tellement désorientés sont allé jusqu'à adorer leur « maître ». Ces victimes de l'aliénation, c'est ceux que Malcom X appelait les « oncles tom ». Ils sont parfaitement représentés par le rôle de Samuel L Jackson dans le film *Django* de Quentin Tarantino. Certains ont abdiqué, les autres se sont battus pour que je puisse aujourd'hui écrire ces mots sur ma petite tablette à Boulogne. Beaucoup sont morts pour cette guerre. Comme Django, pas à pas, marche par marche, goutte de sang par goutte de sang, ils ont gagné la liberté dont je jouis aujourd'hui contre un agresseur immense, richissime et puissant. Je suis la preuve vivante de cette victoire. Je suis la preuve vivante qu'on peut gagner contre un système parfaitement en place depuis de nombreuses années. Je suis là preuve que le changement est possible quand on pense que tout est perdu.

L'histoire de l'esclavage est connue, alors elle est classée comme évidente, et il est là le problème. Parce qu'on a tendance à prendre les évidences pour acquises. On oublie à quel coût nous profitons de cette évidence. Ce qui est pris pour acquis mène à l'indifférence et l'indifférence mène à l'oubli.

Je ne suis pas religieux, mais je suis profondément croyant. Et je crois en la vie après la mort. Comme Theoden du Rohan je pense nous devons faire honneur à nos ancêtres. Je pense que nous devons faire honneur à ceux qui ont combattu l'oppresseur pour leurs enfants. Je suis hanté par cette scène du *Seigneur des anneaux, Le retour du roi*. Lorsque Theoden du Rohan sur son cheval vient de se faire éjecter par un dragon nasgule. Le corps brisé, mais fier de s'être battu pour ce en quoi il croyait, il dit ces derniers mots à sa fille : « Je rejoins mes ancêtres, en leur illustre compagnie je n'aurais pas honte désormais. »

Cette fiction est l'histoire de personnages bien réels partout dans le monde à toutes les époques. C'est le cas de Thomas Sankara qui disait « l'Afrique libre ou la mort ». Il s'est fait assassiner lui et toute sa famille pour s'être battu contre la colonisation. Lui comme tant d'autres de mes prédécesseurs a donné sa vie pour que ses enfants ne soient plus enchaînés et torturés dans les champs de coton. Comme Theoden du Rohan ils ont donné leur vie pour ce en quoi ils croyaient. Aujourd'hui qu'est ce que nous sommes prêts à donner pour nos enfants ? Qu'est-ce que nous sommes prêts à sacrifier ?

Vous me direz : « mais nos enfants ne sont pas enchainés, ils vont très bien. Ils vont dans les meilleures écoles. Ont accès aux meilleurs hôpitaux. Mangent dans les meilleurs restaurants. Vivent dans les plus belles maisons. Le monde ne va pas si mal ». Croyez-le…

Malcom X disait « Si vous n'êtes pas vigilants, les médias arriveront à vous faire détester les gens opprimés et aimer ceux qui les oppriment ». Sa citation s'associe parfaitement avec une autre « un mensonge répété mille fois se transforme en vérité ». Média et répétition sont une association dangereuse. Les politiciens l'ont compris depuis bien longtemps. C'est pour ça qu'ils s'attachent à nous rabâcher toutes sortes de choses jusqu'à ce qu'on commence à y croire et qu'on finisse par voter pour eux. La répétition, comme tous les pouvoirs, peut être aussi puissante pour faire le bien que pour faire le mal. Sur sa chaîne YouTube, le Précepteur a fait cette vidéo incroyable sur *le pouvoir de l'habitude*. Il aurait pu l'appeler le pouvoir de la répétition. C'est le pouvoir le plus utilisé et le plus efficace de l'histoire et dans tous les domaines. Dans cette vidéo, il explique comment le fait de répéter rigoureusement et inlassablement une action, aussi petite soit elle, peut mener à de grands résultats. Cette théorie m'a parlé parce qu'en tant que sportif et plus particulièrement en tant que basketteur, j'ai été bercé par la légende de Michael Jordan qui prenait 1000 shoots par jour. Même après une victoire, même après une défaite, il continuait de répéter les mêmes gestes, sans cesse et sans relâche. Parce qu'il savait que même quand on est le meilleur, même quand on connaît tout, même quand on a tout compris et tout gagné, lorsqu'on arrête de répéter, on oublie. Michael Jordan a marqué l'histoire du sport par sa rigueur, sa résilience, son abnégation, sa dévotion à s'entraîner, à répéter. Nous sommes tous témoins de ce qu'il est devenu : la répétition mène au succès.

C'est l'objet de ce livre. Sa nécessité. Répéter et répéter sans cesse. Pour que l'évidence ne mène pas à l'indifférence. Tout ce que vous trouverez dans ce livre, vous le savez déjà. C'est déjà en vous. Et il faut continuer de le répéter. Pour ne jamais oublier. Pour que ce qui est évident soit toujours remis à la base, et que ce qui est à la base soit toujours remis au centre.

Remettre au centre ce qui est à la base

Sommaire

Dimension psychologique, dimension sociale.................... 17

La nature est parfaite 33

Mort vivant, Vivant mort 59

Les mots ont un sens.. 69

L'homme est perverti, l'homme a perverti 85

L'ouroboros : détruire, construire, épuiser, migrer 99

Les dominos de Rousseau 113

L'échiquier de la Vie... 121

Mourir pour vivre 131

Remettre au centre ce qui est à la base 139

Chapitre I

Dimension psychologique, dimension sociale

La motivation

La difficulté lorsqu'on évoque des sujets d'injustice sociale c'est que ça ne parle pas à tout le monde.

Parler de justice sociale, ça devient rapidement lourd pour la majorité des gens.

Cela accrochera toujours quelques-uns qui sont profondément attachés aux valeurs de justice et d'équité. Non pas que les autres n'ont pas de valeurs, loin de moi ce raccourci. Mais je ne vous apprends rien en vous disant que nous n'avons pas tous les mêmes motivations. La justice sociale, il y en a certains pour qui c'est un sujet prioritaire. C'est-à-dire un sujet qui ne peut pas passer après d'autres sujets. Mais pour la majorité, disons qu'ils sont globalement d'accord avec vous, mais ça n'ira pas plus loin. Ils n'en font pas une priorité. A contrario de ceux qui sont révoltés par nature, ils ne partiront pas en guérilla à la moindre injustice. Les révoltés sont facilement identifiables dans le monde du travail. C'est ces gens pour qui la moindre injustice est allergène. La moindre incohérence de traitement, le moindre défaut d'équité les horripile. Ils ne peuvent tout simplement pas laisser passer. Ils ne peuvent pas fermer leur bouche alors que leurs collègues les supplient de faire le dos rond. Pourtant ses chers collègues sont d'accord avec eux dans le fond, mais ils leur conseillent de lâcher l'affaire, parce que « *ça n'en vaut pas le coup* ». Le problème des révoltés, c'est que la réponse est automatisée dans leur cortex : « *je sais, mais c'est par principe* ». Impossible de prendre du recul, impossible de lâcher du lest, ils iront au clash avec leur hiérarchie. Même si ça leur coûte leur promotion. Parce que se taire est encore plus coûteux pour eux. Ils sont conditionnés par cette règle *"Qui ne dit rien consent"*. Disons le franchement, ils sont attachants, mais ils sont lourds. La cause est souvent louable, mais on a d'autres chats à fouetter. On fera attention à ne pas être associé avec eux pour ne pas se mettre à dos la hiérarchie. En fait, celui qu'on surnomme gentiment *Che Guevara* ou *Le Président* passe surtout pour un relou. Même si dans le fond, on est d'accord avec lui, en fait on s'en fout. Enfin, on ne s'en fout pas totalement, mais ce n'est pas prioritaire. Les problèmes qu'il évoque, on sait que c'est important, mais on ne va pas faire une grève de la faim à chaque fois qu'il y a des pauvres qui meurent en Afrique. Les sujets (comme les déviances des néolibéralistes, de l'ultracapitalisme, la corruption, l'évasion fiscale, les détournements d'argent public, l'industrie agroalimentaire, la liberté de la presse, les libertés individuelles, l'écologie, le travail, les guerres) sont intéressants, certes. Mais on ne va pas s'arrêter de vivre. On n'a pas envie de parler de ça toute la soirée. Ni de passer des heures à lire des bouquins ennuyeux à ces sujets. Et encore moins de se taper toutes les vidéos complotistes que notre pote nous envoie sur whatsapp chaque semaine.

Nous n'avons pas tous les mêmes motivations. On le sait, ça tombe sous le sens. Mais il y a une différence entre le savoir que l'on sait et le savoir que l'on a expérimenté. L'expérience matérialise le savoir. Il y a une différence entre savoir que le feu brûle et mettre sa main dans le feu. Il y a une différence entre savoir que les chiens mordent et se faire mordre par un chien. L'expérience change le rapport aux choses, change le rapport au feu, change le rapport aux chiens. Pour ma part, j'ai été confronté à l'expérience de la motivation à travers le sport. J'ai matérialisé ce savoir en étant confronté à mes coéquipiers. À 17 ans, je pensais naïvement que dans l'équipe, tout le monde venait pour la même chose, et donc que tout le monde était prêt à s'engager de la même façon pour atteindre notre but commun. J'ai vite déchanté. Et la confrontation entre plusieurs personnes qui sont sur le même bateau, mais qui veulent toutes aller vers une destination différente peut être terrible. Elle peut aussi être terrible si on a le même objectif de destination, mais qu'on n'est pas d'accord sur le chemin à prendre pour s'y rendre. La communication entre les membres peut devenir explosive. Un peu comme quand on parle de politique aux repas de famille. Plus tard, en devenant coach, j'ai eu la chance dans mon parcours de formation d'entraîneur d'en découvrir plus sur cet élément central qu'est la motivation. En tant que coach, donc en tant que leader, on doit trouver les bons mots qui vont toucher les différentes individualités de son équipe pour les pousser à coordonner leurs efforts ensemble vers le même objectif. Dans une équipe, tous les individus n'ont pas le même âge, le même parcours, les mêmes qualités psychomotrices, ni les mêmes motivations. C'est quelque chose qu'on pense savoir, mais c'est encore différent d'y être confronté. Certains viennent pour la compétition, tandis que d'autres viennent surtout pour s'amuser entre amis. Certains cherchent avant tout le succès individuel, tandis que d'autres sont plus portés sur le succès collectif :

> « ça m'importe peu que l'équipe perde tant que j'ai performé individuellement. D'ailleurs je ne serais pas heureux si l'équipe gagne et que j'ai mal joué. »

> « Ça m'importe peu de faire la une du journal parce que j'ai marqué beaucoup de points alors que l'équipe a perdu. D'ailleurs, je préfère largement scorer moins de points si l'équipe gagne. »

Ces deux joueurs ont des motivations différentes et pourtant ils sont dans la même équipe. Au-delà des aspects technico-tactiques de la discipline, le coach doit avoir ces compétences relationnelles et communicationnelles à activer les bons leviers pour que des joueurs avec des objectifs différents travaillent ensemble. C'est une tâche très difficile, qui mène beaucoup d'équipes à imploser. C'est le cas dans le sport, et c'est aussi le cas dans les entreprises et dans la société. Tout le monde n'a pas les mêmes motivations, les mêmes ambitions. Cela tombe sous le sens, me direz-vous. Et c'est vrai, c'est du bon sens, mais il faut quand même le répéter.

Parce que trop souvent les gens qui écrivent des livres, font des films, des poèmes, des chansons, des associations dans l'espoir de créer une prise de conscience collective sur les questions de justice arrivent toujours au même problème : « c'est important. Mais cela intéresse peu ou pas ». Ils font en fait directement face à la problématique de la motivation. C'est un sujet qui est soit filtré par mes motivations personnelles, soit filtré par mon environnement social.

Comment faire pour que le message passe ? Comment faire pour que le message motive les gens et qu'ils s'engagent dans une cause ?

Couleurs et filtres

À la question des compétences communicationnelles, notre formateur nous présente un outil assez extraordinaire. Un outil qui, dit-il, lui a changé la vie : Comcolors.

-   « Cela a changé la vie, parce que ça m'a permis de mieux comprendre les autres, et surtout de mieux me comprendre moi-même ».

Ce qui a du sens parce que ce concept a été développé dans ce but. Comcolors c'est un outil de communication créé par le psychologue Frank Julien basé sur six profils de personnalités, leurs motivations dominantes et leurs comportements en situation de stress. En effet, durant les années soixante, la Nasa qui envoyait des individus différents dans l'espace pendant des mois s'est retrouvée face à une problématique importante :

« comment savoir si les gens que nous envoyons vivre ensemble confinés pendant plusieurs mois vont s'entendre ou s'entretuer ? »

« est-ce qu'il y a des caractères qui seraient plus susceptibles de travailler ensemble que d'autres ? »

C'est ainsi que la nasa s'intéresse à différentes recherches en sociologie et psychologie. Process Com, Comcolors, Ennéagramme, des noms différents, mais avec un fond identique : comprendre qui est en face de moi. Quelle est sa motivation? Comment adapter ma communication?

Quel mot choisir pour le message passe ? Quels mots choisir pour parler de justice ? Le fond est conditionné par la forme. Et l'objectif de la forme, c'est de toucher la motivation de mon interlocuteur. Par exemple, dans une équipe qui travaille pour vendre des yaourts. L'un va être intéressé par l'esprit de compétitivité, vendre plus que les concurrents. L'autre va être intéressé par la partie technique, les moyens de production, comment on transforme la matière première en produit fini. D'autres encore, par le fait de donner du sens au produit, lui donner une valeur morale, avec un produit qui respecte la nature, les vaches et les producteurs. D'autres uniquement par la partie communication, par le marketing, créer des images et des slogans fun. Et puis il y a celui qui s'en fout complètement du produit et de tout le reste, ce qui lui importe, c'est de travailler dans une équipe sympa avec des collègues sympas et ne rater aucun afterwork.

Faites le test avec vos amis pour vous amuser : quel restaurant vous attire le plus ?
- Le meilleur restaurant étoilé de Paris/le resto branché du moment où les stars font des selfies.

- Un petit restau sympa pour passer un bon moment entre amis.
- Un restaurant solidaire qui prône la gestion des déchets et qui s'approvisionne sur des circuits courts.
- Un restaurant avec un show culinaire hyper fun

Cela peut bien sûr être plusieurs réponses, mais il y en a forcément un qui nous parle plus que d'autres. Et celui qui parle statistiquement le moins, c'est le restaurant qui affiche ses valeurs sociale et écologique. Les fast-foods et la haute gastronomie motivent plus que la justice et la solidarité. Comme je vous l'ai dit au départ, c'est le genre de sujet qui ne motive qu'une petite minorité. Dans le concept de communication comColors, on parle de filtre. Le filtre c'est la couleur de motivation par laquelle je m'exprime. Un peu comme une langue. La majorité des gens s'expriment et écoutent à travers leurs propres filtres. Pour reprendre l'exemple des restaurants, celui qui est motivé par les restaurants étoilés va parler sous cette forme à son partenaire, alors que lui n'est peut être motivé que par le fait de passer un moment sympa ensemble. Donc le message ne passe pas :

- « Je t'emmène dans le meilleur restaurant et tu n'es pas content !?!
- Je m'en fiche des restos chic, je veux juste passer un moment avec toi
- Je ne te comprends pas
- Moi, non plus »

« On ne se comprend pas ». C'est une expression courante. Tout le monde n'a pas la même perception ou la même interprétation des mêmes mots. Demandez à dix personnes différentes la définition des mots « amour », « mal » ou « justice », vous aurez dix interprétations différentes de chaque mot. Ce qui peut être de l'amour pour Gérard ne l'est pas pour Claude. Ce qui peut être immonde pour Fatima ne l'est pas pour Anne. Ce qui paraît tout à fait injuste pour Zoé l'est parfaitement pour John. Tout cela dépend du parcours de vie, des croyances, des principes de chacun. Cet ensemble fait que soit j'ai l'algorithme pour recevoir et décoder ce qu'autrui me transmet. Soit cela ne m'atteint pas du tout. C'est filtré.

La difficulté lorsqu'on évoque des sujets d'injustice sociale, c'est que de base, c'est un sujet filtré par une majorité des gens. Ou il est filtré par mes motivations personnelles. Ou il est filtré par mon environnement social.

Tout est social

La motivation d'une personne, c'est-à-dire l'énergie qui la pousse à penser puis à agir, est à une quantité difficilement imaginable, générée par l'environnement social. Est-ce que la motivation d'un bébé pour apprendre à marcher vient de l'envie de marcher, ou est-ce qu'elle vient de l'envie de faire comme les gens qui l'entourent ? Est-ce que, s'il avait été entouré de singe comme Tarzan, il se déplacerait à quatre pattes ?

Par mon métier, je rencontre tous les jours des personnes qui veulent perdre du poids. Pour certains d'entre eux, c'est la question de la santé qui est avancée. Mais pour la grande majorité, ce sont les questions psychologique ou sociale qui sont en cause :

- Ou ils veulent changer la perception du regard qu'ils portent sur eux-mêmes → Je veux avoir la bonne silhouette pour moi → Mon regard me valorisera dans mon échelle de valeurs.
- Ou ils veulent changer la perception du regard que les gens portent sur eux → Je veux avoir la silhouette normativement valorisée → Cela me valorise sur l'échelle de valeurs du groupe.

Ou je veux être un acteur de cinéma, pour moi, parce que j'adore jouer la comédie. Ou je veux être acteur, parce qu'être acteur c'est valorisé dans la société. Ou je veux être champion du 100 m pour moi, pour mon accomplissement personnel, pour ma fierté propre. Ou je veux être champion du 100 m pour que les gens m'adorent. Certains, par leur conditionnement, diront que ça n'a rien à avoir, que c'est pour l'argent que je veux être acteur ou champion. Mais ce n'est pas l'argent en lui-même qui génère de la motivation. C'est ce que potentiellement l'argent peut apporter. Du confort matériel, ou du pouvoir. Mais on en revient au psychologique et/ou au social. Ou je veux avoir un super yacht pour moi, parce que j'aime les yacht. Ou je veux avoir un yacht pour que les gens voient que j'ai un yacht et cela me valorise sur une échelle sociétale.

Cela fait un lien avec un podcast de franceculture que je découvre sur YouTube : Hegel, La dialectique du maître et de l'esclave. La philosophie est un sujet complexe, à interprétation variable. De ce que j'en comprends, la dialectique du maître et de l'esclave consiste à expliquer que l'être humain ne peut se sentir être humain qu'au travers du regard de l'autre. Il ne peut se reconnaître au rang d'être humain qu'au travers de la reconnaissance de l'autre comme être humain. S'engendre alors tout un rituel de démonstration permettant à autrui de reconnaître mes qualités et ma valeur. C'est au travers de ce rituel que je deviens un être humain, un être social. La dialectique d'Hegel fait écho à une phrase que j'avais entendue lors d'une formation sur *le cerveau de l'apprenant* : « *tout est social* ».

L'être humain est contraint par le besoin d'exister. Il est contraint par le besoin d'être reconnu par l'autre. Cette contrainte génère de la motivation. Cette motivation générera les pensées, les actions qui agiront pour atteindre la reconnaissance, pour atteindre l'existence.

Ce qui nous intéresse là-dedans, c'est que ce qui fonctionne dans un sens fonctionne dans l'autre. Si je n'accède pas à la reconnaissance, je suis nié. Ma valeur n'est pas reconnue par autrui, donc je n'ai pas de valeur. Je suis isolé. C'est fascinant d'observer comment nous sommes contraints au regard de l'autre. Et ceci à un niveau psychologique très primaire. Le regard de l'autre va me contraindre dans le choix de ma scolarité, dans mes activités, dans mon entourage, dans mes choix vestimentaires, dans ma manière de parler et même dans ma manière de manger. C'est très difficile de vivre en dehors de tout groupe, alors pour être accepté et reconnu dans un groupe, je dois accepter les us et coutumes de ce groupe. C'est ce qui a donné lieu à cette théorie sociale : le conformisme. La description de Wikipédia est parfaite :

*« Le **conformisme** est une attitude très largement étudiée en sciences sociales qui correspond à un comportement qui est en accord avec ce qui est attendu d'un individu ou d'un groupe dans une situation donnée : être conforme veut dire ne pas dévier de la norme admise, ne pas prendre une liberté en agissant de façon différente de ce qui est attendu, socialement. »*

On retrouve tout un champ lexical normatif qui nous pousse à adopter à certains comportements ou idées et à renoncer à d'autres : « c'est mal vu », « tu parles comme une racaille », « tu parles comme un snob », « tu traines avec des pecnos », « tu t'habilles comme un plouc », « tu n'es pas à la mode ».

Refuser de se soumettre aux normes de mon environnement social, c'est la quasi-certitude de se retrouver isolé, ou bien d'être contraint de changer d'environnement et donc de changer de normes. Un jour, lors d'un repas de famille, je suis témoin de cette scène. Ma nièce de 15 ans demande à sa marraine (qui se trouve être mon épouse) :

- Marraine, est-ce que tu peux m'acheter le dernier iPhone ?

Comme je suis de nature taquine, je lui pose la question de l'utilité :

- Mais pourquoi est-ce que tu veux le dernier iPhone ?
- Pour être comme les autres, tous mes amis l'ont.

C'est la réalité que tous les parents affrontent à l'adolescence de leurs enfants. Même lorsqu'on sait que dans cette norme, il y a du mauvais et du nocif. On se trouve face à cette dualité du bon face aux normes sociales. Est-ce que je dois faire ce qui est bien ? Ou est-ce que je dois faire ce qui est attendu ?

- Est qu'on leur achète les dernières Nike à 180 euros ?
- Est qu'on leur achète le dernier téléphone portable à 12 ans ?
- Est qu'on leur achète une nintendo switch à 7 ans ?

Une très petite minorité d'entre nous accepte d'être isolée, montrée du doigt, décriée, voire insultée et même plus parfois. Tout à l'heure, je vous parlais des fast foods et des restaurants à valeurs. Parce que j'ai fait l'expérience que dès qu'on parle de manger moins de viande, consommer local, de manger bio, on est catalogué de « *petit bobo qui veut se donner un genre* ». Bien sûr je fais une généralité, cela dépend de notre environnement social.

Un client me rapporte un jour « hier j'étais avec des amis aux restaurants, tout le monde a pris une grosse viande et moi je voulais prendre une salade. Mes potes ont commencé à me vanner. Bon bah j'ai fini par commander une viande ».

Le regard des autres nous contraint. Encore une évidence me direz vous. Encore du bon sens. Certes. Mais sommes-nous tous conscient à quel point et jusqu'où nous pouvons être contraints ? Sommes-nous prêts à accepter et défendre le pire, sous la contrainte sociale ?

Le gène du totalitarisme — La mort et le social
Le regard des autres nous contraint. Et il nous contraint surtout bien sûr dans nos choix politiques et nos repères moraux. Si j'ai des revenus importants et que je vis dans un quartier chicos, ça sera beaucoup plus facile dans mon quotidien social personnel ou professionnel de voter à droite. Au risque de me faire targué de gaucho, socialo, communiste ou gauche caviar et donc de me retrouver isolé. Parce que le positionnement politique est associé à une échelle de valeurs sociétale. Si vous pensez comme moi vous êtes avec moi, si vous pensez différemment vous êtes en dessous. Si sur un sujet, les influenceurs de masse que sont les partis politiques et les gros organes de presse prennent position, ça sera très difficile de marcher à contre sens au risque d'être montré du doigt. Pendant la période du covid19, les presses et acteurs de droites stigmatisaient les non-vaccinés de con et de sous-citoyens. La direction était donnée pour êtrc du bon côté de l'échelle sociale. Je me souviens d'un client me confiant que les seuls à ne pas s'être fait vacciner dans son entreprise étaient les syndicalistes, et que donc c'était mal vu pour un haut cadre comme lui de ne pas se faire vacciner. Il n'avait aucune envie de se faire piquer, mais être associé aux syndicalistes, ça veut dire être dissocié des gens d'en haut. Le choix est vite vu, il s'est fait piquer.

Il vaut mieux suivre le mouvement. C'est vrai pour le covid comme c'est vrai pour tous les sujets. Et particulièrement pour le sujet de la mort, ou précisément le sujet de ceux qui donnent la mort. Le sujet de ceux qui tuent. Le conformisme est un phénomène extrêmement puissant. Puissant par son influence sur nos actions, mais il influence aussi nos émotions. Il peut faire que, dans deux situations extrêmement comparables voire identiques, le même individu peut être soit extrêmement touché ou bien complètement impassible, voire méprisant. C'est le cas pour la mort, pour la guerre, pour les crimes, les génocides. Face à la mort, nous sommes conditionnés à réagir bien sûr par la capacité humaine de l'empathie, mais inconsciemment, nos réactions sont aussi conditionnées par ce que la société attend de nous. Et bien souvent, le second prend le pas sur le premier. Il existe des milliers d'exemples de conformisme émotionnel face à la mort. Pour n'en citer qu'un, je parlerais de la différence de réaction entre ce malheureux professeur d'histoire qui s'est fait assassiner et les gens qui sont morts par milliers dans la mer méditerranée pour fuir leur pays détruit par l'opération militaire en Libye. Pour le professeur d'histoire, une majorité de la population française était choquée et avait mis une photo de soutien sur Facebook. Tandis que pour les morts des ces sous-hommes, de ces migrants dans la mer, uniquement quelques réactions dans des journaux spécialisés, mais qui n'avaient pas affolé le pays. Certaines morts nous affectent moins que d'autres. Toujours une évidence me direz vous. Mais sommes-nous conscients de la manière dont cette évidence est influencée par l'environnement social ?

Pour cacher les conséquences de la politique française dans les pays arabes, Manuel Valls disait lors des assassinats à Charlie Hebdo que « expliquer, c'est excusé ». Cette phrase est très forte puisqu'elle place toute personne qui cherche à comprendre comme partisan des assassins. Par extension, elle nous dissocie de ceux qui ne cherchent pas d'explication. Elle nous dissocie de la majorité. Dans le sujet du « terrorisme », il y a la mort propre, la mort de guerre, la mort des méchants Arabes tués par des gens qui sont socialement autorisés à tuer, c'est-à-dire les militaires occidentaux qui tuent avec des fusils des gaz et des drones, ça, c'est socialement acceptable. Comme disait le Joker dans le film Batman de Christopher Nolan « *it's all, part of the plan* ». Ça fait partie du plan, ça fait partie de la norme. Donc ça n'affole personne, c'est normal et c'est même attendu. C'est attendu que la masse le cautionne. C'est pour ça qu'on fait passer des philosophes renommés à la TV pour valider moralement, donc socialement, les guerres, donc des tueries. C'est attendu de prendre parti, au risque d'être dissocié des gentils et par extension d'être associé aux méchants Arabes et à leurs bombes.

Simone Weil expliquait cela très bien dans sa *Note sur la suppression générale des parties politiques* :

- « Supposons un membre d'un parti — député, candidat à la députation, ou simplement militant — qui prenne en public l'engagement que voici : "Toutes les fois que j'examinerai n'importe quel problème politique ou social, je m'engage à oublier absolument le fait que je suis membre de tel groupe, et à me préoccuper exclusivement de discerner le bien public et la justice." Ce langage serait très mal accueilli. Les siens et même beaucoup d'autres l'accuseraient de trahison. Les moins hostiles diraient : "Pourquoi alors a-t-il adhéré à un parti ?". Avouant ainsi naïvement qu'en entrant dans un parti on renonce à chercher uniquement le bien public et la justice. Cet homme serait exclu de son parti, ou au moins en perdrait l'investiture ; il ne serait certainement pas élu. »

S'affranchir

Deux personnes qui parlent français, qui sont amis, qui s'aiment et qui se respectent peuvent se retrouver dans une véritable impasse l'un pour l'autre lorsqu'ils utilisent des filtres de communication opposés. C'est-à-dire lorsqu'ils communiquent sous le prisme de leurs motivations personnelles. Greg est un écolo convaincu, animé par l'importance de la justice. Il tente de convaincre son ami Simon de l'importance d'une consommation raisonnable de viande. Mais Simon est un jeune cadre dynamique qui croque la vie à pleines dents avec son argent gagné à la sueur de son front. Manger son burger frites dans un bistro branché c'est un plaisir. Et la vie c'est de se faire plaisir. Sinon on arrête de vivre.

Greg : « Simon, t'es un ami, je t'adore. Mais je comprends pas ! Ça fait un an que j'essaie de t'expliquer que le système agroalimentaire capitaliste est un désastre. Un désastre pour les animaux, un désastre pour la nature, un désastre pour la qualité de notre nourriture. On dirait que tu t'en fou !? Et puis la viande, c'est pas bon pour la santé enfin ! »

Simon : « Greg, t'es un ami, je t'adore. Mais ça fait un an que tu me bassines avec tes histoires de capitalisme. Et honnêtement, oui je m'en fous. Je sais que c'est important pour toi, et je le respecte. Je sais que la nature c'est important etc. Mais franchement je m'en fou. Je travaille 50 h par semaine pour gagner mon fric, j'ai le droit de manger mon steak quand même. »

Greg : « Je comprends pas comment tu peux t'en foutre?! Ça me dépasse ?! C'est pas important pour toi la nature ?! Quelle planète on va laisser à nos enfants ?!

Simon : "Je comprends pas que toi tu comprennes pas ! Sur le principe dans le fond, je sais que t'as raison. Et c'est bien qu'il y ait des gens comme toi qui se battent, tout ça. Mais moi ça ne m'intéresse pas! C'est tout! J'ai d'autres problèmes à gérer en fait. Et honnêtement, entre toi et moi, la moitié des gens ici s'en foutent. Sérieux Greg, tu nous emmerdes avec tes histoires de bien être animal ! Détends toi un peu, profite de la vie ! Tu gâches la soirée là !

→ Dialogue de sourd.

Simon est un terre à terre, pour lui c'est simple : « les choses sont comme elles sont. Je ne vais pas me prendre la tête avec des choses qui ne m'intéressent pas. Et de toute façon c'est pas moi qui vais changer le monde »

Le schéma est logique. Notre cortex n'est pas conditionné à faire des choses qui ne nous intéressent pas, sans y être obligé. Même si c'est important.

La question de ce chapitre n'est pas de savoir ce qui est important ou ce qui ne l'est pas. Parce qu'au fond on sait ce qui est important. On sait ce qui est la base, on sait ce qui doit être au centre. La question c'est s'affranchir des deux choses qui nous conditionnent le plus :
- nos motivations personnelles
- les normes sociales

Tony Parker, le meilleur joueur de l'histoire du basket français disait dans un reportage sur sa préparation : « Au cours de ma carrière, j'ai dû évoluer sur mon tir à 3 points. Je voulais devenir plus adroit. J'ai dû alors sortir de ma zone de confort pour accepter de changer ce qui avait fait mon succès jusqu'ici pour me permettre d'aller plus loin. J'ai déconstruit une partie de mon savoir pour mieux reconstruire. Et j'ai réussi, je suis devenu plus adroit ».

L'aventure des chapitres suivants, c'est d'accepter pendant quelques minutes de mettre de côté certaines de nos idées qui nous empêchent peut-être d'en voir d'autres. Et en tant que coach, je peux vous le dire, croyez-moi, c'est le plus difficile. Sortir de sa zone de confort, oser s'éloigner de nos constructions mentales, risquer de nager à contre-courant de la société, c'est le plus difficile. Alors bonne chance et bonne lecture.

Chapitre II

La nature est parfaite

« Les lèvres de la Sagesse sont closes, excepté aux oreilles de la Raison. »

« Ichi wa zen, zen wa ichi »

Comme beaucoup de petits garçons, j'ai eu cette période de passion pour les mangas. Dragon ball Z, Olivier Tom, Gundam Wing, Death Note, Naruto ou encore Afro Samurai. Celui qui m'a particulièrement marqué est sans hésitation Fullmetal Alchemist. J'ai toujours eu un goût prononcé pour les films *"qui font réfléchir"*. Fullmetal a cette particularité d'aborder des sujets qui poussent à la réflexion. Massacres de masse, colonisation, conflit géopolitique, complot d'état, alchimie, les limites du bien, du mal, la morale, tout y passe. Ce que j'avais adoré c'est qu'au fur et à mesure de l'histoire, nos perceptions et nos jugements changent. Ce qu'on peut considérer au départ comme bien s'avère finalement carrément mal et ce qu'on pensait mal devient compréhensible lorsqu'on découvre tous les éléments. C'est une vraie analogie de la complexité de notre monde réel quand très jeune on a une vision assez idyllique du monde. Puis au fur et à mesure de notre existence, on comprend que les choses sont toujours plus complexes que ce qu'on nous les a présentées initialement. Dans l'histoire justement, les deux héros, Edward et Alphonse Elric sont enlisés dans une quête désespérée pour trouver la pierre philosophale. Le joyau au pouvoir illimité. À l'aide duquel ils pensent pouvoir récupérer leurs corps qui ont été mutilés dans une précédente manipulation alchimique. Au début de leurs aventures, ils rencontrent celle qui deviendra leur maître et mentore, Izumi Curtis. Une femme brillante avec un très fort caractère. Qui doit elle-même vivre avec les conséquences d'une transmutation humaine. Elle avait utilisé l'alchimie pour tenter de ramener à la vie son enfant mort-né. Elle en a payé le prix, toute sa vie. Alors quand les deux jeunes frères viennent à sa rencontre pour apprendre l'alchimie dans le but de ressusciter leur mère, elle ne peut s'empêcher de les prendre sous son aile pour les former. Mais surtout aussi pour les mettre en garde sur les dangers de l'alchimie. Quand on joue avec la vie, quand on joue à dieux, quand on veut voler trop près du soleil, il y a un prix à payer. Préalablement à l'apprentissage de l'alchimie, ils doivent réussir une épreuve initiatique. Izumi dépose les deux garçons sur une île sauvage avec un seul couteau où ils resteront sans aucune aide pendant un mois. En plus de tenter de survivre, ils doivent utiliser ces trente jours pour répondre à cette énigme :

-    Qu'est-ce que veut dire « un est tout et tout est un » ?

Elle acceptera de leur apprendre l'alchimie seulement s'ils parviennent à comprendre le sens de cette phrase. À ce moment-là, Alphonse et Elric n'ont qu'une dizaine d'années. « un est tout et tout est un » leur semble complètement abstrait. Au début de leur épreuve, tout leur fait peur. La moindre ombre, le moindre bruit, ils sont terrifiés. Ils sont clairement en dehors de leur zone de confort et c'est extrêmement dur. Ils ont faim, ils ont soif, ils ont froid, ils sont poursuivis par toutes sortes de prédateurs. C'est un véritable cauchemar. Et puis, au fur et à mesure des jours, confrontés à la survie, ils commencent à observer, à écouter ce qui les entoure. Quand se lève le jour, quand tombe la nuit. Où et quand trouver de la nourriture. Qui mange quoi ? Qui chasse ? Qui est chassé ? Cette confrontation à la nature sauvage leur à permis d'en comprendre les mécanismes. Cette compréhension les amène à apprécier ce qui leur faisait peur au départ. Ils ont alors cette révélation de Lavoisier qu'on apprend en France en 5eme, en cours de physique chimie : « dans la vie, rien ne se perd, rien ne se crée, tout se transforme ». Les insectes et les animaux morts nourrissent et fertilisent les sols. Ces sols nourriront les plantes qui nourrissent les herbivores qui eux-mêmes nourriront les carnivores. Chacun de ces éléments est important et forment dans leur ensemble un tout. Ce tout, c'est la nature. Ce tout, c'est la vie. À la fin des trente jours, Izumi vient récupérer les petits et demande réponse à sa question. Pour les frères, les choses sont claires :

« tout c'est le monde. Et un c'est moi ».

Ils ont validé leur test. L'expérience a été rude, mais elle a façonné leur perception du monde : « ichi wa zen, zen wa ichi », qui signifie en japonais « un est tout, tout est un ».

Concevoir le monde, l'univers, comme un tout, comme un ensemble ne vient pas de Fullmetal Alchemiste. C'est beaucoup plus vieux que ça. Déjà dans les années 1800, en Inde, le Sage d'Arunâchala, Sri Râmana Maharshi partageait sa sagesse dans un extrait de l'Advaïta Vedânta : « Ellâm Onru » (Tout est Dieu).

« 1 — Tout, incluant le monde que tu vois, ainsi que toi-même, le témoin du monde, tout est Un.

2 — Tout ce que tu considères comme étant moi, toi, lui, elle, et cela, tout est Un.

3 — Les êtres sensibles, ainsi que l'inerte et l'insensible (la terre, l'air, le feu et l'eau), tout cela est Un.

4 — Le bien-être qui résulte de la conscience que' tout est Un », ne peut être obtenu par une conscience fragmentaire, séparant les choses et les êtres : tout est Un.
5 — La connaissance de l'unité de toutes choses est bonne, autant pour toi que pour les autres : tout est Un.

6 — Celui qui voit « je suis séparé », « tu es séparé », « il est séparé », etc, agit d'une certaine façon envers lui-même, et d'une toute autre façon envers les autres. Il ne peut s'en empêcher. La pensée « chaque être est séparé des autres », est la graine d'où s'élève l'arbre de la discrimination arbitraire des actes (en fonction de la diversité des personnes). Comment pourrait-il y avoir un défaut de vertu chez celui qui sait qu'il y a unité entre lui et les autres ? Aussi longtemps que le germe de la différenciation est présent, l'arbre correspondant est à même de fleurir, que l'on s'y attende ou pas. Il faut donc renoncer à cette faculté de différenciation. Tout est Un.

7 — Question : dans le monde, les choses paraissent différentes ; comment puis-je alors considérer le tout comme étant Un ? Y a-t-il un moyen d'atteindre à cette connaissance ? La réponse est celle-ci : dans un même arbre, nous voyons des feuilles, des fleurs, des fruits et des branches, différents les uns des autres, et qui pourtant ne font qu'un, étant tous compris dans le mot « arbre ». Leur racine est la même, leur sève est la même. Ainsi, toutes les choses, tous les corps, tous les organismes proviennent d'une même source et sont activés par un seul et même principe vital : tout est Un. »

Bien avant 1800, bien avant Maharsha, cette même compréhension du monde existait déjà dans les plus anciennes civilisations égyptiennes qui ont révélé les XV Tablettes de Thoth.

« *Dans tout l'espace, il n'y a qu'une sagesse. même si elle semble parfois fragmentée, elle est une avec l'un. Tout ce qui existe provient de la lumière qui elle-même provient du tout (...) chacun a son rôle à jouer et détient le pouvoir de contrôler une force spécifique. Nous faisons un avec l'âme du cycle qui nous est propre. et nous aussi nous poursuivons un but qui dépasse l'entendement de l'homme ; l'infini s'accroît jusqu'au point de dépasser le tout. Ainsi, dans un temps qui n'est pas encore en son temps, nous deviendrons tous un avec un plus grand que le tout (...) J'existe depuis le début des temps, sans connaître la vie et sans subir la mort. il faut que tu saches, ô homme, que loin dans le futur, la vie et la mort seront réunies dans le tout. Chacun s'équilibrera dans l'unité du tout.*
Pour les hommes de cette époque, la force de vie semble fragile, mais cette vie est destinée à devenir une avec le tout.
»*
Extrait de la tablette VII — Les septs seigneurs

En France, dans les années 1930, le médecin occultiste Andrée Durville s'est intéressé à ces questions. L'occultisme (du latin occultus, « caché, secret ») désigne l'ensemble des arts et sciences occultes (alchimie, astrologie, magie, divination, médecine occulte) touchant aux secrets de la nature. C'est-à-dire ce qui est non visible. Durville traduit de l'anglais le Kybalion. Le Kybalion est basé sur les enseignements d'Hermès Trismégiste, dont « *la Connaissance embrasse les rapports de l'Homme avec la Nature* ». On retrouve ainsi dans ce manuel, les sept principes hermétiques, sur lesquels la philosophie hermétique tout entière est basée : le Principe de Mentalisme, le Principe de Correspondance, le Principe de Vibration, le Principe de Polarité, le Principe de Rythme, le Principe de Cause et d'Effet, le Principe de Genre.

"C'est de l'ancienne Égypte que nous viennent les enseignements ésotériques et occultes fondamentaux qui ont si puissamment influencé les philosophies de toutes les races, des nations et des peuples depuis plusieurs milliers d'années. L'Égypte, patrie des pyramides et des sphinx, était le berceau de la Sagesse cachée et des enseignements mystiques. Tous les pays ont emprunté à ses Doctrines secrètes. L'Inde, la Perse, la Chaldée, la Médée, la Chine, le Japon, la Syrie, l'ancienne Grèce, Rome et les autres nations anciennes prirent libéralement leur part à la fête du Savoir que les Hiérophantes et les Maîtres du Pays d'Isis avaient si abondamment pourvu pour ceux qui étaient préparés à partager la somme de Science Mystique et occulte dévoilée par les Maîtres de cette antique contrée. Dans l'ancienne Égypte ont vécu des Adeptes et des Maîtres qui n'ont jamais été surpassés et rarement égalés durant les siècles qui les ont séparés du grand Hermès. En Égypte se trouvait la Loge des Mystiques. Par la porte de ces Temples entrèrent les Néophytes qui, plus tard, comme Hiérophantes, Adeptes, et Maîtres parcoururent les quatre coins du monde, portant avec eux le précieux savoir qu'ils désiraient ardemment transmettre à ceux qui étaient préparés pour le recevoir. Tous ceux qui étudient les sciences occultes reconnaissent ce qu'ils doivent aux vénérables Maîtres de l'antiquité. Parmi ces grands Maîtres de l'Ancienne Égypte vécut un homme que les Maîtres considéraient comme le « Maître des Maîtres ». Cet homme, si vraiment c'était un "homme", habita l'Égypte dans les temps les plus reculés. On le connaissait sous le nom d'Hermès Trismégiste. Il était le père de la Sagesse occulte, le fondateur de l'astrologie et de l'alchimie. Les détails de sa vie sont perdus pour l'histoire, tant sont nombreuses les années qui nous séparent de lui ; cependant quelques-uns des anciens pays de l'antiquité se sont disputés, il y a des milliers d'années, l'honneur de sa naissance. La date de son séjour en Égypte, qui constitue sa *dernière incarnation sur notre planète, ne nous est pas connue à l'heure actuelle ; on l'a fixée aux premiers jours des plus anciennes dynasties égyptiennes, longtemps avant Moïse. Les auteurs les plus compétents le considèrent comme contemporain d'Abraham ; quelques traditions juives vont même jusqu'à affirmer qu'Abraham a acquis d'Hermès lui-même une grande partie de ses connaissances mystiques."*

Le Kybalion

« S'il est vrai que Tout est dans LE TOUT, il est également vrai que LE TOUT est dans Tout. Celui qui comprend parfaitement cette vérité possède déjà un grand savoir. »

Le Kybalion

« Un est tout et tout est un », ce savoir existe depuis longtemps. Cette compréhension de l'univers existe depuis bien longtemps. Elle est transmise depuis bien longtemps sous bien des formes. On peut même la retrouver dans le plus célèbre animé de Walt Disney.

- Mufasa : Oui mon fils. Tout ce que tu vois obéit aux lois d'un équilibre délicat, en tant que roi tu dois comprendre cet équilibre et respecter toutes les créatures de la fourmi qui rampe à l'antilope qui bondit.

- Simba : Mais les lions mangent les antilopes.

- Mufasa : Oui Simba, mais laisse-moi t'expliquer. Quand nous mourrons, notre corps se transforme en herbe et les antilopes mangent l'herbe. C'est comme les maillons d'une chaîne dans le grand cycle de la vie."

extrait du Roi Lion

Ce savoir, bien qu'accessible, bien que sous nos yeux, bien qu'évident, a été oublié du plus grand nombre. Le savoir de la Vie a été négligé, parce qu'on s'est concentré sur le savoir du commerce. Parce qu'on s'est concentré sur le savoir du progrès. Mais à mesure que l'humanité avance dans les progrès technologiques, elle régresse sur le plan moral. Alors que nos priorités évoluent vers une vie numérisée, nous oublions ce qui constitue la vie elle-même. Pour lutter face à cette inversion des priorités, il faut rendre à César ce qui est à César. Il faut instaurer le devoir de mémoire.

Fondamentaux & Devoir de mémoire : La nature est parfaite

En Europe, le monde des gens normaux, le monde de monsieur et madame tout le monde, le monde du citoyen moyen a été traumatisé par la guerre. 100 % des guerres menées l'ont été pour avoir plus que ce qu'on avait initialement. Je vis sur une terre, mais je veux ce qu'il y a sur la terre de mon voisin, donc je vais le tuer pour avoir ce qu'il a. Ensuite je tuerai les autres pour avoir ce qu'ils ont et ainsi posséder le plus possible. C'est le principe central des empires. La guerre a marqué l'histoire de l'Homme, et l'Homme est marqué par la guerre. N'importe quelle personne qui a vécu la guerre et qui a vu la moitié de sa famille se faire massacrer pourrait en témoigner. La mort, la famine, la maladie, la peur.

La guerre fait partie de ces choses extrêmement traumatisantes qu'on n'a pas envie de vivre. Le « devoir de mémoire » est un concept qui a été inventé et développé après la guerre dans l'objectif de faire comprendre aux êtres humains ce qui a amené à la guerre. Alors en France, une très grande majorité du programme d'histoire géographie à l'école parle de la guerre. C'est-à-dire qu'il y a une volonté importante mise en œuvre à éduquer les enfants sur le comment et le pourquoi de la guerre. On commence par étudier un peu l'Allemagne, puis on explique comment Hitler est arrivé au pouvoir, ensuite on fait des voyages scolaires à Auswitch. On fait lire le journal d'Anne Frank. On fait des rencontres avec d'anciens déportés. Ce travail d'éducation sur la guerre doit permettre d'en comprendre son schéma, ses causes et ses conséquences. Travailler sur l'Allemagne c'est comprendre le pourquoi, travailler sur Hitler c'est comprendre le comment, travailler sur Auswitch c'est comprendre le résultat. L'espoir de ce programme d'éducation, c'est que monsieur et madame tout le monde, apprennent, comprennent et n'oublient jamais ce qui mène à la guerre, n'oublient jamais ce qui mène à la destruction. La notion de « devoir » de mémoire place cet espoir au rang d'obligation. C'est-à-dire qu'on estime que « comprendre pour ne pas détruire » est une responsabilité, une obligation. Etudier et comprendre la guerre, comprendre ce qui détruit, c'est la condition nécessaire pour ne plus faire la guerre et ne plus détruire.

St-Cloud, Haut-de-Seine, été 2021. Je suis chez un client, on discute de tout et de rien, donc de tout. De la vie, du travail, de la santé, des priorités etc. Comme je suis taquin sur ces sujets, j'en viens à lui poser ces questions :

- « Qu'est ce qu'il y a de plus fondamental ? Qu'est-ce qui est le plus important ? »

Ici, *important* est synonyme de prioritaire. C'est-à-dire *qu'est-ce qui doit passer avant tout ?*

Elle me répondit très spontanément :
- « Tu veux dire, qu'est ce qu'il y a de plus important dans la vie ? ».

Pour moi cette réponse était significative, puisqu'elle inclut inconsciemment la vie comme une constante inamovible. Constante inamovible, cela veut dire que : c'est là, et ça ne peut pas en être autrement. C'est là et c'est comme ça. C'est d'ailleurs là depuis tellement longtemps qu'on ne se pose même pas la question de *pourquoi c'est là* ou *comment c'est là*. On ne se pose pas la question du pourquoi de la vie. On ne se pose pas la question de l'essence de la vie. Ou de ce qui constitue la vie. On part du principe que la vie est déjà là. Elle est là, et en vérité pour la plupart d'entre nous, le reste ne nous intéresse peu. On l'a déjà dit, l'évidence mène à la négligence. (C'est le cas parfois dans le couple. On sait que l'autre nous aime et qu'il ne va jamais nous quitter, c'est acquis, alors on commence à être moins attentionné, on fait moins d'effort, jusqu'à devenir négligent [et pire parfois]. C'est connu.)

J'ai une voiture, elle roule. Ça ne m'intéresse pas de savoir ce qui fait que la voiture roule. Ce n'est pas mon problème. Ce qui nous intéresse c'est de savoir si elle est belle, si elle roule vite, si elle a de beaux sièges, si elle a un grand écran à l'intérieur. Pourtant avant que la voiture roule vite, avec de beaux sièges et un grand écran, il faut au préalable rassembler puis assembler tous les éléments, moteur, roues, carrosserie, huiles, etc qui pourront permettre à cette voiture d'être une voiture. Ces éléments assemblés ensemble constituent cette voiture. Ils en seront la base. Ils en seront les fondements. Si ces éléments ne sont pas réunis, la voiture n'est plus. Si j'enlève les roues de la voiture, et sa carrosserie, alors ce n'est plus une voiture. Ou en tout cas, c'est une voiture incomplète. On ne prendra pas le risque de monter dans une voiture qui n'a pas de carrosseries, ou qui n'a que trois roues parce qu'on sait qu'on risque de se prendre un mur. On sait que si l'on enlève un des éléments fondamentaux qui constituent la voiture, son intégrité physique sera en péril. Si je ne comprends pas comment ma voiture fonctionne, je serai obligé de faire confiance à un garagiste, mais comme vous le savez, tous les garagistes ne sont pas bienveillants. Certains profiteront de votre ignorance en mécanique pour vous arnaquer sans vergogne et avec le sourire. Ils vous vendront une voiture sans frein en vous promettant que c'est le progrès. Et quand vous vous en serez rendu compte, ça sera trop tard, vous serez déjà dans le mur. C'est vrai pour les garagistes et c'est encore plus vrai pour les politiques.

La théorie est facile à comprendre lorsqu'on parle d'objet matériel. Mais c'est plus difficile à appréhender pour la Vie. Surtout pour des occidentaux comme moi qui n'ont jamais connu la faim, la soif, le froid. On se ne pose pas de question lorsqu'on est confronté à aucun problème. L'eau vient du robinet, et je serais incapable de dire comment elle est acheminée jusqu'à mon robinet ni ce que ça a couté. Je me poserai la question quand il n'y aura plus d'eau. Je ne sais pas comment l'électricité arrive jusqu'aux ampoules et aux radiateurs de mon salon, ni leurs coûts de production. Je me poserai la question lorsqu'il n'y aura plus d'électricité. Cela me fait penser à une réplique de Denzel Washington dans le film post-apocalyptique *The Book of Eli*. Lorsqu'une jeune fille demande au héros comment c'était avant (avant l'apocalypse). Il répond :

« Eli : Les gens avaient plus que ce dont ils avaient besoin. Nous n'avions aucune idée de ce qui était précieux et de ce qui ne l'était pas. Nous jetions des choses pour lesquelles les gens s'entretuent aujourd'hui ».

C'est marrant comme ces fictions hollywoodiennes peuvent s'avérer pertinentes dans le réel. Les gens n'avaient pas conscience de ce qui était précieux, ils n'avaient pas conscience de ce qui était fondamental. Cela a mené au désastre.

Les fondamentaux sont les éléments qui font qu'un système est solide, fiable et fonctionnel dans le temps. Si je souhaite acquérir un sac en cuir qui sera solide, fiable et fonctionnel dans le temps, je sais que la première chose à faire, c'est-à-dire la chose fondamentale à faire, ce sera d'abord d'avoir un bon cuir. D'ailleurs le prix de la matière première, c'est-à-dire le prix de la matière fondamentale du produit, définira en grande partie son prix de vente final.

Fondamental signifie « ce qui précède toute chose ». Autrement dit, ce qui est à la base de toute chose. Comme les racines d'un arbre, ou le moteur d'une voiture. Ou la graine qui est à la base des racines de l'arbre. Ou le métal dans lequel sera forgé le moteur de la voiture. Sans graines, et sans eau ni terre pour nourrir la graine, il ne peut y avoir d'arbre. Sans métal il ne peut y avoir de moteur. Sans moteur il ne peut y avoir de voiture.

Je vais faire ce que ma femme déteste : répondre aux questions par une autre question. « qu'est ce qu'il y a de plus fondamental ? » « qu'est-ce qui est au fondement de toute chose ? » « qu'est-ce qui est à la base de toute chose et qui ne peut exister sans cette base ? ».

Voilà ma question réponse : « Est-ce qu'il y a quelque chose qui précède la vie ? »

Sans vie, il n'y a ni commerce, ni capitalisme, communisme, droite, gauche, guerre, maladie, vaccin, pauvre, riche ou quoi que ce soit. Si on retire n'importe lequel de ces éléments, la vie continue, alors que si on retire la vie, aucun de ces éléments n'existe. Cela sonne comme une évidence parce que la vie est évidente et parfaite. La vie c'est l'eau, c'est le monde végétal, le monde minéral, le monde animal, le système solaire, etc. Chaque élément de l'univers intervient de manière directe dans le maintien d'un ou plusieurs autres éléments et forme la vie. Ces arbres et ses belles fleurs aux couleurs vives pour attirer les insectes qui viendront se nourrir et transporter le pollen sur leurs pattes qui permettront aux arbres de se reproduire. Le ver de terre qui transporte dans la terre les minéraux nécessaires au développement des plantes. Les minéraux qui filtrent l'eau pour la rendre pure et potable pour nourrir les arbres qui filtrent le CO_2 et créent l'oxygène. Cet ensemble qui forme la vie, c'est le système parfait. Tout interagit, tout est logique, tout est équilibré, tout est sain, tout est parfait.

Tout ce qui constitue ce monde et qui crée la vie est ce qu'on appelle : la nature.

La vie est la nature et la nature est parfaite. C'est une vérité. Et c'est une vérité aussi connue qu'oubliée. Trop souvent l'oubli mène à la négligence et la négligence mène au mépris. Il faut installer le devoir de mémoire de la vie. Le devoir de mémoire de notre constitution, de notre essence, de ce qui est à notre base, de ce qui est fondamental. Pour ne plus l'oublier, ne plus le mépriser, ne plus tuer la vie.

Tuer la vie pour vivre

L'Homme utilise la perfection de la nature. Il en dépend pour vivre, ne serait-ce que par sa dépendance à l'oxygène. Comme la nature est parfaite, on y trouve tout le nécessaire pour répondre à tous les besoins de tous les êtres vivants. Mais l'Homme n'est pas éduqué pour répondre à ses besoins vitaux. Il est éduqué pour assouvir ses plaisirs. Il est éduqué pour « bien vivre ». Par cette éducation il conclut qu'il vivra mieux s'il a plus. Il se met alors à exploiter la vie pour avoir plus. Il exploite ce qui est à son fondement. C'est le paradoxe. Pour se sentir plus vivant, il tue la vie. L'homme se sent bien, se sent vivant, quand il peut boire son coca à la table d'un bar branché. Quand il roule dans une belle voiture. Que l'eau chaude coule sans limites dans son robinet. Que son livreur de nourriture à domicile arrive dans les 15 min. Qu'il peut trouver tous les jours de l'année dans son supermarché son avocat du Mexique pour faire son guacamole (en promo si possible). Il est prêt à payer très cher pour avoir plus. Même si ce plus abîme la nature, même si ce plus abîme la vie. Il abat des arbres pour faire des bâtons de glace. Il brûle des champs pour faire des parkings. « Parce qu'il faut bien vivre », on tue la vie.

Disquette

Les experts de la finance et du commerce ont une vision assez binaire de la vie. Pour eux, l'équation est simple « manger ou être mangé ». Les puissants ou les faibles. Les riches et les pauvres. Être en haut de la pyramide ou au sous-sol. La matrice du commerce étant la plus puissante dans ce monde, une énorme partie de la population a mangé son discours. Le discours qui dit que « les richesses et les ressources sont limitées. Donc mathématiquement, plus les autres possèdent, moins je possède. Plus les autres sont puissants, plus je suis vulnérable. Alors si ça doit être toi ou moi ça sera moi. Donc il faut que je possède plus. Il faut que je sois le plus haut de la pyramide. »

Là où j'ai grandi, on appelle ça « une disquette ». Une disquette c'est un disque qu'on met dans un ordinateur pour le reprogrammer de la façon qui nous arrange. Les adorateurs du commerce et du pouvoir ont réussi à intégrer dans les cerveaux des occidentaux la plus grande disquette de l'histoire de l'humanité : « les forts dominent les faibles comme le lion mange la gazelle. C'est la loi de la nature. C'est la vérité universelle ».

Mais cette disquette se désintègre face à la vérité de l'histoire des cinq aveugles et l'éléphant. Pour rappel, on demande à cinq aveugles de décrire un éléphant.
- Le premier, touche la trompe et affirme « c'est un serpent ».
- Le deuxième qui tient la queue répond « pas du tout, c'est une corde ».
- Le troisième qui touche le corps se moque « vous êtes stupide ?! C'est un mur ». etc
Le percepteur voit juste quand il dit *« souvent on répète que la vérité est une question de point de vue mais c'est faux ! Il n'y a qu'une vérité ! Cette unique et vraie vérité, c'est la somme de toutes les vérités. »*. En l'occurrence ici la vérité c'est que l'éléphant est, à la fois un mur, à la fois un serpent, à la fois une corde.

Le lion mange la gazelle c'est une vérité. Une autre vérité c'est que le lion ne mange pas toutes les gazelles jusqu'à leur extinction. Il mange ce dont il a besoin. Il ne mangera pas de façon complètement démesurée beaucoup plus que ce dont il a besoin. D'ailleurs on croise rarement des lions obèses dans la savane. Le lion respecte donc la vérité de l'équilibre. L'équilibre, c'est la loi la plus fondamentale de l'univers. La nature est parfaite, et elle est parfaite parce qu'elle est équilibrée. La vie prend son sens dans l'équilibre. La chaîne alimentaire n'est qu'une infime partie d'un vaste ensemble. L'ensemble de toutes les vérités forme la vérité. L'ensemble de tous les systèmes forme cette unité complexe qui est la vie.

Je ne peux pas seulement prendre la queue de l'éléphant et affirmer que c'est une corde. Je ne peux pas extraire une vérité et affirmer que c'est la vérité. Je ne peux pas prendre uniquement le lion qui mange la gazelle et affirmer aveuglément que le monde se résume à ça.

Sur l'idéologie de l'opposition entre les forts et les faibles, le chercheur Niousséré Kalala Omotunde nous alerte *« Toute information dans ce monde a un intérêt géopolitique et donc une incidence géopolitique »*. A la question de l'intérêt géopolitique de cette idée si répandue au fil de l'histoire de l'homme. Un simple regard sur les inégalités de notre société m'apparaît comme une réponse évidente : servir la démence des pervertis du pouvoir. Justifier l'égoïsme acerbe pour accepter l'inacceptable.

Une nouvelle constitution

La constitution est le fondement de chaque loi. Elle est garante de ce qui est le plus essentiel, elle est garante de ce qui ne doit pas être discuté. Une loi ne peut aller à l'encontre de la constitution. Puisque la constitution est garante des fondements. Le Conseil constitutionnel est fondé pour protéger les citoyens d'une loi qui irait à l'encontre des principes les plus fondamentaux d'une société. La vie devrait être la constitution de toutes les constitutions. Dans mon monde idéal, on écrirait cette nouvelle constitution. « La constitution de la vie ».

Dans cette constitution on rappellerait à chaque article à quel point la nature est parfaite. Que la vie est à la base de toute chose et qu'aucune chose ne doit entraver la vie. Aucune loi, aucun commerce, aucun système ne doit aller à l'encontre de la vie, à l'encontre de la nature. Puisque la vie est à la base de toute chose, il faut la remettre au centre de toute chose, de toute réflexion, de toute action, de tout parti politique, de toute société. Si vous oubliez ce qui est à la base, si vous oubliez ce qui est à votre fondement, si par cupidité, au lieu de mettre la vie au centre de tout, vous placez l'argent le profit et le commerce au centre de tout. Alors comme nos prédécesseurs nous en payeront les conséquences. Parce que la nature est omnisciente et omnipotente. On ne peut pas tricher avec la vie. D'une manière ou d'une autre, elle vous récompense ou elle vous sanctionne.

On ne peut pas tricher

« Votre mère est en vous et vous êtes en elle. C'est elle qui vous a enfantés et qui vous a donné la vie. C'est à elle que vous êtes redevables de votre corps et c'est à elle que vous le rendrez un jour. Heureux serez-vous lorsque vous les connaîtrez, elle et son royaume, lorsque vous recevrez les anges de votre mère et vous conformerez à ses lois. Je vous le dis en vérité, celui qui vit en harmonie avec elle ne connaîtra jamais la maladie, car le pouvoir de votre mère est infini ; il règne sur votre corps comme sur celui de tous les êtres vivants «"l'évangile essénien de la paix ».

Edmond Bordeaux-Szekely

« Le Principe de Cause et d'Effet ». Principe 6 du Kybalion
« Toute Cause a son Effet ; tout Effet a sa Cause ; tout arrive conformément à la Loi ; la Chance n'est qu'un nom donné à la Loi méconnue ; il y a de nombreux plans de causalité, mais rien n'échappe à la Loi. »

Le Kybalion

"Ce Principe implique le fait qu'il existe une Cause pour tout Effet produit et un Effet pour toute Cause. Il explique que : « Tout arrive conformément à la Loi » ; que "jamais rien n'arrive fortuitement" ; que le Hasard n'existe pas ; que, puisqu'il y a des plans différents de Cause et d'Effet, et que le plan supérieur domine toujours le plan inférieur, rien ne peut échapper entièrement à la Loi. Les hermétistes connaissent jusqu'à un certain point l'art et les méthodes de s'élever au-dessus du plan ordinaire de la Cause et de l'Effet.

En s'élevant mentalement à un plan supérieur, ils deviennent la Cause au lieu d'être l'Effet. Les foules se laissent docilement emmener ; elles obéissent à tout ce qui les entoure, aux volontés et aux désirs de ceux qui sont plus puissants qu'elles, à l'hérédité, à la suggestion, et à toutes les autres causes extérieures qui les dirigent comme de simples pions sur l'Échiquier de la Vie. Les Maîtres, au contraire, s'élevant sur le plan supérieur, dominent leurs sentiments, leur caractère, leurs qualités et leurs pouvoirs aussi bien que ce qui les environne ; ils deviennent des Maîtres au lieu d'être des pions. Ils jouent le jeu de la vie au lieu d'être joués et dirigés par la volonté des autres et par les influences extérieures. Ils se servent du Principe au lieu d'être ses outils. Les Maîtres obéissent à la Causalité du plan supérieur, mais ils règnent sur leur propre plan. Il y a, dans cette affirmation, une véritable fortune de connaissances hermétiques.
Le comprenne qui pourra."

André Durville

Je crois que Geneviève Choussy Desloges fait partie de ceux qui comprennent. Dans son livre *Votre corps vous parle, écoutez-le*, elle écrit :

« Le corps est une balance. Nous pourrions comparer notre organisme à une balance qui doit rester en équilibre. Tout ce qui d'un côté ou de l'autre, que ce soit dans notre contexte de vie, nos émotions ou même notre physique, le perturbe et le fatigue provoque un signe de déséquilibre. Simple sensation désagréable pour commencer, ce signe s'amplifie en cas de problème persistant, pour devenir malaise, fatigue, puis petites douleurs que notre éducation nous apprend à surmonter ou à nier pour continuer à assumer nos obligations. Mais le corps ne se laisse pas négliger si facilement. Si les conditions de vie stressantes ou

déprimantes persistent, les maux du corps expriment de plus en plus clairement par une maladie le déséquilibre important. Dès lors, l'idée est, avant ou parallèlement aux soins médicaux qui s'imposent, d'utiliser la maladie pour chercher à rétablir l'équilibre d'origine. »

Votre corps parle : écoutez-le.
Geneviève CD

Geneviève Choussy Desloges est dentiste à Paris. Elle constate que, malgré les soins, certains patients reviennent régulièrement pour les mêmes douleurs. Cela la questionne. Puis au fur et à mesure des expériences, elle se rend compte que lorsque ces patients surmontent des problèmes personnels, ces douleurs disparaissent. Elle décide de s'intéresser à ce phénomène. Elle cherche à comprendre le pourquoi. Est-ce que des stress émotionnels pourraient créer des douleurs physiques ? Est-ce que des troubles émotionnels et du stress pourraient créer des maladies ? Elle trouve des réponses à ces recherches qu'elle mettra dans un livre sur les troubles psychosomatiques « votre corps parle : écoutez-le »

Dès le premier chapitre du livre, elle explique qu'on ne peut pas tricher avec la nature :
« Pour toute une partie du monde et depuis des millénaires, le corps, l'esprit et l'âme de l'homme sont une seule et même chose qui fonctionne en harmonie avec son environnement. Ce grand principe sous-tend que toute perturbation, qu'elle soit d'origine physique, émotionnelle ou environnementale, a des répercussions sur les deux autres plans. Les maladies, vues comme des signes de déséquilibre, sont donc révélatrices d'une dysharmonie entre ces trois aspects de vous-même. »

Ici encore les idées d'unité et d'ensemble sont avancées.

Le phénomène de cause à effet entre perturbation et maladie est qu'on appelle la somatisation ou le psychosomatique. J'ai beaucoup de « pression sur les épaules ». J'accumule les soucis qui m'en mettent « plein le dos ». J'ai tellement de stress que « j'en perds mes cheveux ». Cette personne m'énerve tellement qu'elle me « donne de l'urticaire ». Lui, il me cause tellement de problèmes que je « vais faire un ulcère ». Le traumatisme était tellement fort qu'il "a perdu la voix". L'épreuve de demain me fait tellement peur que « j'ai l'estomac noué ». Quelque chose de vraiment embêtant m'empêche d'avancer, c'est comme si j'avais « une épine sous le pied ». Elle ne s'attendait absolument pas à avoir un enfant parce qu'elle n'avait aucun symptôme, elle a fait un "déni de grossesse". Tant d'expressions et de situations qui nous semblent anodines, mais qui sont les parfaits révélateurs de ces troubles psychosomatiques.

Geneviève Choussy n'est pas la seule à évoquer la somatisation. Aujourd'hui nombre de spécialistes dans tous les domaines médicaux reconnaissent ces phénomènes. Ils doivent faire face à une société de consommation qui influence la formation de nos médecins vers les soins médicamenteux de façon quasi systématique. Pour chaque mal, un spécialiste et beaucoup de médicaments.

- Si j'ai des problèmes de peau, je vais aller chez un dermatologue qui a toute une série de crème spéciale que je vais acheter en pharmacie. Mais est-ce que le stress, l'alimentation seront questionnés ?
- Si j'ai un ulcère à l'estomac, je vais aller voir un gastro-entérologue qui aura un premier médicament. Si j'ai encore mal, il en aura un deuxième encore plus puissant. Mais est-ce que le stress sera mis en cause ?

- Douleurs articulaires, le rhumatologue aura bien un petit médoc pour moi, bien plus rapide que faire du sport et bien manger.
- Si je fais une pelade, j'aurai aussi le droit à un autre spécialiste qui aura encore un médicament.
- Et bien sûr, le médicament numéro 1 : le complément coup de boost contre la fatigue chronique. Si vous êtes fatigués, surtout ne travaillez pas mentalement pour améliorer votre qualité de sommeil. Continuez à vous shooter au café du matin au soir pour rester éveiller toute la journée. Et prenez deux cachets de vitamines c avec de la spiruline ça va vous redonner la patate

Est-ce que je suis anti-médicament ? La question n'est pas là. Si un médicament peut vous sauver la vie, ça me semble bien évidemment logique de le prendre. Je suis très content d'avoir des antibiotiques lorsque ma fille a des otites qui lui percent le tympan.

Ce qui est questionnable, c'est de ne pas remettre son mode de vie en question. Notre société nous apprend à négliger la vie, et lorsque ça ne va pas, on va chez le médecin qui nous donne un médicament pour nous soigner. C'est-à-dire qu'au lieu que le médicament soit salvateur, malheureusement il nous pervertit. Le médicament, c'est « si vous avez mal au ventre, surtout ne changez rien, on a un médoc. »

Ce que je vous dis apparaît comme une évidence. Pourtant, lorsque j'ai mal à l'épaule, je sais quel médicament il faut prendre. Parce que je suis déjà allé tellement de fois chez le médecin pour des problèmes similaires que maintenant je m'y connais en médoc. Par contre, je n'ai aucune idée de quelle mobilisation (exercices, automassage, étirement, travail postural) je peux réaliser pour soulager ma douleur.

Ça veut dire que je connais les médicaments, mais que je ne sais pas comment mon corps fonctionne. Remettre au centre ce qui est à la base. Remettre la vie au centre, ça implique de connaître la vie, ça implique de connaître la base. Notre corps, c'est la vie. C'est même un des plus beaux représentants de la vie. Connaître mon corps et son fonctionnement c'est connaître la base. La médicamentation a pris une place centrale dans le domaine de la santé. Remettre au centre ce qui est à la base c'est remettre les connaissances du corps au centre de la question de santé.

En 2018 j'ai passé une formation pour être prof Pilates. Le Pilates c'est un cours de renforcement musculaire avec pour objectif de ne créer aucun stress négatif pour le corps. En comparaison par exemple de la musculation classique, qui va certes tonifier les muscles, mais peut créer des tendinites et d'autres pathologies. Il y a des pathologies de la course, du foot, des sports de combats etc, il n'y a pas de pathologies du Pilates. C'est une méthode qui consiste à réaliser des exercices avec une attention particulière d'abord aux placements du corps et à la respiration, ensuite au mouvement. En finalité, on apprend à bouger en étant toujours bien placé et en respirant. En donnant ces cours, je me rends compte que j'apprends aux gens à respirer et à se tenir droits. Et je fais un constat terrible : la majorité des gens ne savent ni respirer correctement ni se tenir droit. Les gens sont déconnectés de leurs corps, donc déconnectés de la vie. Au même moment, j'observe ma fille de 2 ans qui se tient naturellement parfaitement droite, et respire correctement. Alors que je vois mon fils de 5 ans s'avachir, lui qui est déjà rentré à l'école et a commencé à passer toutes ses heures assis sur une chaise. Je me pose la question du résultat dans 10 ans…

Est-ce que notre société nous déconnecte de notre corps ?

Pourtant un de ces adages les plus ancrés est : « le plus important dans la vie, c'est la santé ».
« Le plus important » ça signifie que hiérarchiquement, c'est notre priorité numéro 1. « Le plus important » ça devrait signifier que c'est ce à quoi on va dépenser le plus d'énergie. Pourtant, combien de personnes peuvent dire aujourd'hui qu'ils passent la plus grande partie de leur temps à s'occuper de leur santé ?
Je vois assez peu de personnes dire : « bon à partir de maintenant, je vais commencer à travailler une heure plus tard le matin, comme ça j'aurais le temps de me préparer un bon petit déjeuner et me faire des exercices physiques » ou « tiens, maintenant, je vais rentrer un peu plus tôt le soir du boulot. Je serais moins fatigué. J'aurais le temps de cuisiner et de me poser pour faire une petite méditation ». Vous me direz forcément « va dire ça à mon employeur ". Moi j'aimerais bien, mais je ne peux pas ». Sauf que je ne peux dire ça à votre employeur puisque notre société n'est pas construite pour la vie, elle est construite pour le commerce. Elle n'est pas construite pour être en harmonie avec son corps et avec la nature. Elle est construite pour exploiter la nature, pour le commerce. Le corps étant la nature, ça signifie que la société exploite notre vie, pour le commerce. La base de cette société, c'est la production de richesses. La base de cette production c'est le travail. Ça veut dire que notre société sert à organiser le commerce, autrement dit, la production, autrement dit le travail. Nos vies sont organisées pour le travail.

Travailler le plus possible pour gagner un maximum d'argent. Avec cet argent, je vais pouvoir m'acheter du matériel et des services (voiture, ordinateur, plats cuisinés…) qui me permettront de travailler encore plus longtemps, plus vite, et plus efficacement pour gagner toujours plus d'argent. Grâce à cet argent, je pourrais améliorer mon bien être. Je pourrais construire du patrimoine (immobilier, épargne, etc). Et je pourrais aussi me payer de belles vacances à l'autre bout du monde pour me reposer. Mais les journées sont rudes, alors pour tenir le coup jusqu'aux vacances, je pourrais me détendre devant une série à la télévision. Quand j'ai le cerveau en compote, j'ai besoin de quelque chose qui me divertit sans réfléchir. En fait, tenir le coup ça veut dire noyer son esprit, noyer ses émotions, noyer son stress. Le stress lié à la pression sociale, les angoisses liées à la pression professionnelle. J'ai mon petit remède à base de bouffe bien sucrée et bien grasse, agrémentés au besoin d'un petit verre de vin (ou deux, ou plus). Mes insomnies sont de plus en plus fortes, donc j'augmente ma dose de médicaments. Je suis si épuisé mentalement et physiquement que mes douleurs deviennent chroniques. Je rajoute des anti-inflammatoires dans mon cocktail. Je suis à là limite du burn-out. Mais la lumière au bout du tunnel me fait tenir. Il reste seulement deux semaines avant les vacances dans un pays en voie de développement. Là-bas, je verrais des gens qui vivent des conditions matérielles très difficiles, ça me rappellera quelle chance j'ai de vivre en occident.

L'ironie de l'histoire, vous la comprendrez dans le prochain chapitre avec les Azas de Tanzanie. Ces chasseurs-cueilleurs qui ne sont pas dans cette société de commerce. Ils ne trichent pas. Ils n'ont pas besoin de pilules de brûleurs de graisse, de boissons ou détox, ni de crème miracle anti-âge. Ils vivent en harmonie avec la nature et la nature le leur rend. Ils n'ont pas d'argent, et ils n'ont pas de cancer, pas de diabètes, pas de problèmes de tension, pas de problème de peau, pas de problème de digestion.

Cela veut dire que j'ai beau avoir la plus belle réussite économique dans notre société, si je ne prends pas soin de moi, mon corps va me le faire sentir (maladies, cancer, dépression, anorexies, boulimies, burn-out, ulcère, lumbago, sciatique, névralgie, etc). Si je suis un chef d'entreprise qui accumule le stress. Si je suis un salarié qui accumule la pression. Si je suis une mère de famille qui accumule les charges mentales. Si je continue dans ce mode de vie toxique, si j'épuise mon énergie, sans la régénérer avec de bonnes choses saines de la nature. À un moment donné, le corps va réclamer l'addition. Si je demande beaucoup à mon corps, beaucoup de travail de stress, de pression et qu'en échange je lui donne de la malbouffe, peu d'eau, peu de sommeil, peu d'exercice physique, peu de soleil. À un moment donné, il va me le faire payer. J'aurais beau essayer de tricher avec des médocs et des compléments alimentaires. C'est peine perdue, parce qu'on ne peut pas tricher avec la nature.

Pourtant la très grande majorité d'entre nous continuent d'essayer. Au lieu de se réorganiser au quotidien vers un mode de vie plus sain. On essaie de truquer la nature. On continue de travailler plus dur parce qu'on est convaincu qu'avec une plus belle voiture, des vacances luxueuses et des restau classes, on aura une plus belle vie. Mais la vie et la santé n'ont cure du dernier Audi Q8 et de ma semaine all inclusive au club med à Marrakech. L'argent n'achète pas la santé. L'argent n'achète pas la vie. C'est la nature qui nous donne la vie. Parce que la nature est parfaite.

« Obsédée par un esprit démoniaque de cupidité et de compétition, notre société dévaste et gaspille follement le capital précieux des ressources naturelles de la planète pour produire une marée sans fin de biens de consommation inutiles, non bio dégradables et non-recyclables. Ainsi se

développe à une vitesse vertigineuse une pollution sans cesse croissante des sources de la vie sur terre — atmosphère, océans, rivières, lacs, sols, champs, forêts — détruisant à jamais des milliers et des milliers de formes de vie créées il y a des millions d'années. Dans un très proche futur, l'industrie géante centralisée, cet insatiable monstre, nous aura complètement séparé de la nature qui recouvre notre mère la terre et nous achèvera en immolant nos corps affaiblis, anémiques et malades au sommet d'une montagne de déchets empoisonnés aussi grande que la planète. »

La Vie Biogénique Edmond
Bordeaux-Szekely 1984

Chapitre III

Mort vivant, Vivant mort

« Communie tous les jours en pleine conscience avec la nature, pour que la vie s'anime en toi ».

J'ai découvert cette maxime sur YouTube alors que je cherchais du contenu à propos de « l'alimentation vivante ». Je tombe sur une conférence d'un certain Guilhem Caysac dans laquelle il partage sa vision du sujet. Il y partage cette réflexion troublante :

- « on part du principe que l'on est en vie parce que notre cœur bat, mais c'est un mensonge… vous devenez vivant lorsque vous avez animé la vie en vous ».

Ses mots n'ont pas de sens ! Si je respire et que mon cœur bat, alors je suis en vie. C'est aussi simple que ça. Si je ne suis pas mort, alors je suis en vie, c'est aussi simple que ça ! Comment puis-je être à la fois vivant et sans vie ? C'est n'importe quoi !

Peut-être pas…

Pour certitude nous ne sommes pas morts. Du moins pas telle que la mort est définie dans le dictionnaire. Mais l'idée d'absence de vie fait écho comme une onde sonore dans une bouteille en verre vidée de sa substance. L'idée de vivant mort prend doucement forme dans mon esprit. On croirait se perdre dans des concepts philosophiques abstraits. Et pourtant…

À des kilomètres de là, un certain Claude Bourguignon publie aussi des vidéos sur YouTube. C'est un monsieur tout à fait exceptionnel puisqu'il est ingénieur en agronomie microbiologique. C'est-à-dire que c'est un expert du fonctionnement de la nature, et plus particulièrement des sols. Il a étudié des centaines de sols et leurs systèmes biologiques à travers le monde. Pour moi, c'est un expert de la Vie. C'est le genre de prof de SVT puissance 10. Dans ses vidéos, il explique tous les procédés et étapes nécessaires à la reproduction de végétaux sains. C'est-à-dire, comment la nature s'organise pour avoir des arbres, des fleurs, des plantes en pleine santé. Et ce depuis des millions d'années. Et bien évidemment, sans l'intervention de l'homme, ses OGM, ses pesticides et ses arrosages qui vident les nappes phréatiques. Ses mots me percutent comme une évidence :

-   « aujourd'hui on ne fait pas l'agriculture. On fait de la médecine. L'agriculture consiste à faire pousser des plantes vivantes et en bonne santé. Or aujourd'hui les cultures consistent à empêcher des plantes malades, qui poussent sur des sols malades, de mourir, avec des produits chimiques. »

On comprend ici que les plantes sont malades parce qu'elles ne sont pas issues des cycles parfaits de la nature. Le commerce étant au centre de l'activité humaine, ces cycles ont été modifiés par l'industrie agroalimentaire dans une logique de productivité et de rentabilité commerciale. Le capitalisme veut produire beaucoup et rapidement. Beaucoup plus que la vie ne peut donner, plus rapidement que la vie ne peut créer. Peu importe le prix tant que le bénéfice est fort. Peu importe le coût tant que le bénéfice est fort. Peu importe si ce coût, c'est la mort. Les fruits n'ont plus de goût, les légumes n'ont plus de goût. Ils n'ont plus de nutriments, ils n'ont plus de vie. Ce sont des coquilles vides. Ils existent par leurs enveloppes, mais ils sont morts à l'intérieur. C'est de la nourriture morte. De la nourriture morte-vivante.

Pour que la vie s'anime en toi

Cela me fait revenir à Guilhem Caysac : « … pour que la vie s'anime en toi »
Il image son propos avec un exemple malheureusement trop connu, malheureusement trop courant : le jeune qui passe son temps sur son téléphone et les réseaux sociaux. Tu lui enlèves son téléphone, et le gamin est perdu :
« mais comment on va faire ? »
« Y a pas de réseaux ! C'est la mort ».
« Je peux pas vivre son mon tél. »

Cette mort est réelle ! Je l'ai ressenti lorsqu'un voisin me confie à la fin du premier confinement en mai 2020 : « Je suis tellement heureux de reprendre le travail. J'étais bien à la maison avec la famille. Mais là je me sens revivre. Je peux remplir mon rôle ».
La personne qui a conditionné et réduit sa vie dans son téléphone. Un peu comme une personne peut réduire sa vie à son travail. Il se sent exister à travers le travail comme l'ado se sent exister à travers son téléphone et les réseaux sociaux. Elle a projeté sa vie dans l'objet comme le travailleur a projeté sa vie dans son travail. Lorsque l'objet lui est enlevé, elle a l'impression qu'on lui enlève une partie d'elle, qu'on lui enlève une partie de sa vie. Vous remarquerez que beaucoup de gens souffrent d'états dépressifs lorsqu'ils arrivent à la retraite. Ils ont transféré tellement de vie dans leur travail depuis tellement longtemps. Lorsque le travail s'arrête, ils sont perdus. Ils ont perdu une partie de leur vie.

Octobre 2020, début du deuxième confinement lié à la crise sanitaire de la COVID 19. Mon ami d'enfance décide de se faire opérer du dos à la suite d'une énième crise de nerfs qui lui en fait vraiment baver. Depuis des années, il traîne cette satanée hernie discale. Mais là c'est trop, il souffre le martyre au moindre mouvement. Il est littéralement cloué au lit. Il fait pipi dans une bassine, que sa dévouée compagne reste à ses côtés pour vider. C'est une situation difficile. Voir ses proches souffrir génère un fort sentiment d'empathie.

Plus tard, au détour d'une conversation, j'apprends que depuis le début du premier confinement, soit environ six mois. Il a passé près de 1000 heures à jouer au jeu vidéo assis sur son canapé. 1000 heures, assis devant un écran. J'ai tout de suite un flash. Par ma profession, je connais le lien étroit entre souplesse musculaire, mobilité articulaire, posturologie et diverses pathologies comme les problèmes de dos. Je ne peux m'empêcher de penser : « Tes problèmes de dos ne datent pas d'hier. Si tu n'avais passé ne serait-ce qu'un tiers de ces 1000 heures à t'occuper de toi. 300 heures d'activités en 6 mois, c'est-à-dire environ 1 h 30 d'activité physique par jour. 1 h 30 par jour à rétablir la vie dans ton corps, au lieu de la vider dans les jeux vidéos. Peut-être que tu aurais pu éviter cette opération »

On ne le saura jamais. Ce qu'on sait par contre, c'est qu'à un moment donné il a fait un choix :

« s'étirer, travailler la souplesse, la mobilité, c'est chiant, je n'aime pas ça, et j'ai la flemme, j'ai pas la motivation ».

Mais qu'est-ce qui peut être plus motivant que la santé ?!

1 h 30 par jour c'est trop long. Alors que prendre un anti-inflammatoire en cas de crises prend quelques secondes et ne coûte que quelques euros en France. Ça me permet de continuer de jouer à la console.

Je crois qu'abandonner la vie, c'est ça. Je crois que transférer la vie dans son écran, c'est ça. Lorsque je passe 45 minutes à m'occuper de mon corps, je m'ennuie, le temps ne passe pas, je me fais chier. Alors que je peux enchaîner les nuits blanches sur les jeux vidéos à joueur en réseau. Là, j'ai l'impression de vivre.

Pays développés

Aujourd'hui, lorsqu'on parle de « pays en voie de développement », ça implique par opposition que d'autres pays sont développés. La question du développement est véritablement intéressante à soulever. Plusieurs critères sont mis en avant pour justifier ce positionnement. La démocratie, les libertés individuelles, la justice, l'armée, les infrastructures, l'éducation, etc.
Un autre critère particulièrement mis en avant dans l'argumentaire, c'est l'augmentation de l'espérance de vie. « Le développement et le progrès ont permis d'améliorer l'espérance de vie ». Je ne choquerais personne en disant ça, c'est une vérité presque établie.

Mais de quelle vie parle-t-on ?

On vit évidemment plus longtemps grâce aux médicaments. La mortalité infantile a considérablement baissé grâce à la médecine. La mortalité du cancer a baissé grâce aux dépistages et prise en charge. De manière générale, le taux de mortalité de la plupart des maladies a bien baissé ces 20 dernières années.
Dans le même temps, les chiffres du diabète explosent, c'est aussi le cas pour toutes sortes d'allergies, d'intolérances, de maladies auto-immunes. Le nombre de cancers chez l'enfant augmente chaque année et c'est pareil pour les AVC. La question se pose :
-   On vit plus longtemps certes, mais est-ce qu'on est en meilleure santé ?

Est-ce qu'on est en meilleure santé physique ? Est-ce qu'on est en meilleure santé psychique ? Est-ce que l'espérance de vie augmente parce qu'on tombe moins malade, ou parce que la médecine a amélioré les soins ? Combien de personnes sont maintenues en vie grâce à la médication ? Est-ce que c'est ça un pays développé ? Est-ce que le véritable ingrédient d'un pays développé c'est une organisation sociale fondée sur la productivité et la rentabilité ? Qui façonne un rapport au travail pressurisant et anxiogène. Un rapport au travail qui rend les gens de plus en plus malades physiquement ou psychologiquement.

Une société où les gens perdent le sens des choses, perdent le sens de la vie et tombent dans toutes sortes d'extrêmes compensatoires. Alimentaires, sociales ou autres pratiques plus sombres.

Le parallèle avec le modèle d'agriculture décrié par Claude Bourguignon tombe de sens. Lui qui parlait de maintenir en vie des plantes malades à des fins financières. Est ce que le dit développement des pays développés constitue à maintenir en vie des personnes vidées de l'intérieur pour qu'elles continuent de produire ? Des personnes vivantes mortes.

Les Azas de Tanzanie

Et si d'un coup de baguette magique on pouvait effacer toutes ces pollutions, toutes ces destructions et revenir à la vraie vie ? Est-ce qu'on vivrait plus longtemps ? Mais surtout en meilleure santé ? Est-ce qu'on serait moins malade si on n'avait pas modifié la perfection de la nature au profit du commerce ? C'est ce qu'avance le chercheur Herman Pontzeur dans un reportage Arte « à la recherche du bon gras ».

En étudiant pendant 10 ans un peuple de chasseurs-cueilleurs en Tanzanie qui vit en communion avec la nature. Le genre de peuple qu'on appelle « tribu », le genre de peuple dit en voies de développement. Il dit :
- « Les Azas sont un modèle en matière de santé publique. Ils ne souffrent pas de maladie cardiaque, de diabète ou d'obésité. Ils n'ont aucune des affections qui tuent le plus aux états unis et en Europe. En l'absence d'antibiotiques et de vaccins, beaucoup d'enfants meurent malheureusement avant quinze ans. Mais une fois dépassé ce seuil, ils peuvent vivre jusqu'à 80 ans, et ce dans de bien meilleures conditions physiques que nous occidentaux. »

Je crois que tout est dit. Mais j'ai envie d'en dire encore l'exemple qui à mes yeux est le plus significatif : les chiffres des FIV. De plus en plus de couples ont recours à la fécondation artificielle pour donner la vie. Le taux de réussite est relativement faible. En 2015, c'était 145 000 tentatives pour 25 000 naissances. Je me demande si ce n'est pas un signe évident d'une baisse de vitalité? C'est aussi ce que pense Guilhem Caysac lorsque, toujours dans la même conférence sur l'alimentation vivante, il partage une observation proche du chercheur Herman Pontzeur : « Allez dans les pays dits en voie de développement. Vous verrez des personnes vivre avec des normes complètement différentes des nôtres. Des normes qui nous semblent archaïques. Mais pourtant ces gens-là, ils n'ont pas de problème de vitalité. Ils n'ont pas de problème pour engendrer la vie. »

Le progrès

Se lever à l'aurore, marcher 1 km pour aller à la source d'eau douce. Revenir cultiver sa parcelle de terre. L'après-midi, aller pêcher quelques poissons frais et cueillir des fruits frais.

Qu'est ce que c'est que ce mode de vie ? C'est archaïque! « *Parle-moi CAC 40 ! Parle-moi Wall Street !* » disait un célèbre humoriste controversé.

Alors que le progrès, c'est boire du lait le matin avec son bol de céréales. Lait qui vient de vaches laitières incessamment inséminées, et donc bourrées aux antibiotiques pour contenir les inflammations de leurs trompes et leurs mamelles. Ces vaches tiennent à peine debout parce qu'elles ne bougent plus, donc elles n'ont plus de muscles et leurs os sont faibles. Elles sont vidées de leur vie. Et leurs laits sont aussi vides. Qu'importe, il sera traité tellement de fois avant d'arriver dans mon bol, que le peut de nutriments qui lui reste, que le peut de vie qu'il lui reste, auront bien le temps de mourir d'ici là. Ils seront, grâce au progrès, remplacés par divers additifs, conservateurs, épaississants et vitamines de synthèses. Rien n'a jalouser aux céréales dont le mot « sucre » est inscrit comme premier ingrédient au dos du paquet, suivi par sirop de sucre et sirop de glucose. Il reste quand même dans le produit environ 10 % de céréales OGM vidés aux pesticides, mais reboosté aux arômes artificiels. Avec ça bien sûr, mon petit verre de jus d'orange produit dans des conditions similaires. Je n'oublie pas mes pilules de vitamine C pour contrer mes coups de fatigue. Filez au bureau rester assis pendant 10 heures devant un ordinateur. À midi, comme j'aime les bonnes choses, je mange une bonne entrecôte XXL de vaches clonées qui proviennent de l'élevage de masse qui n'a jamais vu le jour. Avec des frites aussi pourries que mes céréales du matin, sans oublier un soda bien sucré dont l'industrie de production vide les nappes phréatiques jusqu'aux dernières gouttes d'eau. Le soir, comme je suis un bon vivant (mais surtout par conformisme), je vais suivre les collègues, boire une bonne binouze et fumer quelques clopes. Comme souvent je rentre épuisé et je n'ai pas le temps de cuisiner, alors je vais mettre au micro-ondes un plat

préparé de pâtes au fromage bien dégueulasse acheté 3,50 euros au supermarché en bas de la maison. Le soir, mon cerveau est un bouillon et j'ai du mal à m'endormir, alors j'utilise mes dernières forces pour me zombifier devant une série sur mon téléphone.
Mort vivant, vivant mort.

Un penseur avait posé la question du progrès bien avant moi :

« L'homme pur chez Rousseau c'est l'homme qui était dépouillé de tous les artifices culturels, de tous les artifices sociaux, idéologiques ou politiques qui vont donner à certains hommes, un sentiment de supériorité. Un sentiment d'être les maîtres du monde. Un sentiment d'être plus fort que la nature. Et ça c'est quelque chose que Rousseau récuse totalement. Cela fait partie selon lui de ce vice de l'homme moderne, qui pour se donner une valeur supérieure à sa valeur réelle va s'imaginer que ses connaissances le placent au-dessus du monde. C'est une idée qu'on retrouve chez Descartes lorsqu'il disait que « l'homme devait se faire comme maître et possesseur de la nature ». Comme *maître et possesseur de la nature*, ça signifie que, en vertu de son intelligence, en vertu de sa capacité de compréhension du monde, l'homme peut s'émanciper des contrats de la nature et peut l'exploiter à son profit. Pour Rousseau c'est une totale illusion. Mais une illusion mortifère, une illusion funeste. Parce que cette illusion de toute-puissance de l'homme sur la nature selon Rousseau va le conduire à sa perte. Cette illusion va le conduire à la déchéance. »

YouTube, Le précepteur — Rousseau —
L'homme est bon par nature

Chapitre IV

Les mots ont un sens

Croyances

« Les croyances peuvent dépasser la réalité matérielle! »

- « Quel est le parasite le plus résistant ? »

Demande l'agent Cobbs à Saito dans la première scène du film *Inception* — Christopher Nolan.

- « Une bactérie ? Un virus ? Un ver intestinal ? **Une idée**. Résilient… hautement contagieux. Une fois qu'une idée s'est emparée du cerveau, il est presque impossible de l'éradiquer. Une idée est comme un virus. Résiliente. Très contagieuse. Et même la plus petite graine d'une idée peut se développer. Elle peut se développer pour vous définir ou vous détruire. »

Film *Inception* de Christopher Nolan

Une idée c'est une forme de croyance. *Inception* est un film extraordinaire à mes yeux parce qu'il matérialise parfaitement la force des croyances. Comme c'est très bien dit, elles peuvent nous définir et/ou nous détruire parce qu'elles ont le pouvoir de conditionner nos pensées, et donc nos actions. En d'autres termes, elles sont la réponse à la question : « pourquoi est-ce qu'on fait ce qu'on fait ? ». La force de la croyance réside dans le fait que, dans certains cas (dimension psychologique et/ou sociale), elle surpasse la vérité matérielle.

Conditionner nos pensées, ça veut dire imposer les conditions. Les conditions comme éléments indispensables à la réalisation d'une action. Sans ces éléments, l'action n'est pas réalisable. Dans la pyramide du conditionnement comportemental, il y a ces trois étapes :

1 : L'instinct de survie, dans ses trois dimensions : physiologique, psychologique et sociale.

2 : Les Principes, Valeurs et Croyances

3 : Les Sentiments, Émotions, Plaisirs

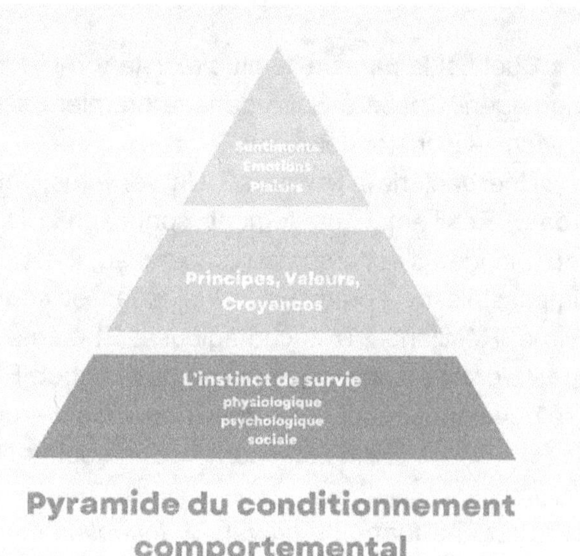

Pyramide du conditionnement comportemental

La peur de ne pas avoir assez, peut entraîner la croyance qu'il faut accumuler le maximum possible pour être sécure. Qui entraîne la croyance qu'il faut être prêt à se battre pour pouvoir accumuler. Qui entraîne ça croyance qu'il faut être fort pour se battre et que seuls les plus forts doivent survivre. Qui entraîne une absence d'émotions pour ceux qui ne sont pas assez forts pour se battre et qui périssent. Voir une forme de plaisir à dominer les plus « faibles ».

Ceci n'est qu'un schéma hypothétique aux options non exhaustives. C'est un petit exemple de comment un individu peut se retrouver conditionné à faire des choses « inhumaines ». Les croyances répondent à des besoins. Souvent aux besoins de sécurisation, mais pas que.

Yuval Noah Harrari nous dit dans son livre Sapiens :

« Qu'est-ce qui rend possible le fait de pouvoir collaborer en un si grand nombre, de façon générale ou en entreprise ? La réponse, c'est notre capacité à créer et à croire en des récits fictifs. La coopération est basée sur la croyance en des entités fictives, des récits fictifs. C'est beaucoup plus clair dans le cas de la religion. Vous devez convaincre un grand nombre de personnes à croire en votre histoire. Mais on ne peut pas convaincre un grand nombre de chimpanzés de se réunir pour construire une cathédrale ou partir en croisade en leur promettant que ce faisant, après leur mort, ils vont aller au paradis des chimpanzés et là, ils recevront beaucoup de bananes. Il n'y a que les êtres humains qui peuvent croire de telles histoires. C'est la raison pour laquelle les êtres humains ont des grandes religions qui ont construit des cathédrales et sont allés se battre au djihad et aux croisades. »

Les croyances sont un élément central du fonctionnement humain. J'avais découvert ça en 2007. J'avais 19 ans et je passais ma formation BAFD (le brevet d'animation aux fonctions de directeur), une petite certification permettant d'encadrer des colonies de vacances. En tant que directeur, nous devions réfléchir au cadre éducatif mis en place pour encadrer les jeunes. Par exemple « pas de casquette à table », « interdiction de fumer dans les activités » « pas de

téléphone dans les activités » etc etc. Toutes ses petites règles définissent un cadre, qui dans des proportions difficilement mesurables peuvent influencer les parcours éducatifs des jeunes. Par exemple, « un gamin à qu'on oblige à terminer son assiette d'endives au jambon parce que y a des petits africain qui n'ont pas à manger ». C'est le genre de propos qui peuvent conditionner des comportements pendant des générations et des générations puisqu'aujourd'hui il est encore coutume de dire qu'on « doit finir son assiette parce que d'autres n'ont pas à manger ». C'est une évidence, c'est une croyance établie au rang de fait. Les croyances conditionnent les comportements. Durant la formation on nous met en garde : Il y a trois choses sur lesquelles vous devez avoir une attention particulière auprès des enfants qu'on encadre :
— les principes qu'on impose
— les valeurs qu'on érige
— les croyances qu'on sème

Il faut faire attention parce que dans les pires des cas, les croyances peuvent mener au pire. Le film *La Vague* que j'ai vu à l'école en 3eme illustre cela. L'histoire est pleine d'exemples sur la manière dont les croyances qui dépassent la réalité matérielle mènent au pire. Les croyances de Jules Ferry ont mené au pire : « *La France ne peut être seulement un pays libre. (…) Elle doit être aussi un grand pays, exerçant sur les destinées de l'Europe toute l'influence qui lui appartient (…), et porter partout où elle le peut sa langue, ses mœurs, son drapeau, ses armes, son génie. (…) Il faut dire ouvertement qu'en effet les races supérieures ont un droit vis-à-vis des races inférieures. (…) Il y a pour les races supérieures un droit, parce qu'il y a un devoir pour elles. Elles ont le devoir de civiliser les races inférieures.* » Les croyances de la France ont mené au pire en Afrique. Les croyances de Hitler ont mené au pire en Europe. Les croyances des Japonais ont mené au pire en Chine et en Corée. Les croyances des Américains ont mené au pire en Irak. A chaque fois beaucoup, beaucoup, beaucoup de morts, de souffrances et de conséquences encore désastreuses aujourd'hui.

Une croyance, c'est une perception de la réalité matérielle. Elles peuvent nous mener au pire quand on nous fait croire que quelque chose est différent de ce qu'elle est. Elles peuvent mener au pire quand on associe à des mots, des significations différentes de leur signification réelle.

Les mots ont un sens
Dans l'émission 28' d'Arte, Franck Lepage fait une intervention pour le moins légendaire sur la manipulation des mots. A travers une démonstration saisissante, il décortique et dissèque la langue de bois. Il explique comment l'utilisation de certains mots peut créer des « effets de sens » qui vont amener à une perception différente d'une même chose. Comment « plan de sauvegarde de l'emploi » « départ volontaire » peuvent manipuler l'esprit alors que « vague de licenciement » ne laisse place à aucune interprétation. Encore une fois, l'expérience façonne la perception. Savoir que le feu brûle et mettre sa main dans le feu modifie notre perception du réel. C'est pareil pour les « plans de sauvegardes de l'emploi », pour l'avoir vécu, je peux vous assurer que c'est tout sauf une sauvegarde de l'emploi. L'objectif n'est pas du tout de sauvegarder les emplois, mais bien l'inverse. L'objectif du PSE, c'est de virer le plus de gens possible de la manière la plus légale possible pour avoir le moins de prud'homme possible. C'est ça la manipulation des mots. Utiliser un mot qui a une résonance positive pour nommer quelque chose de profondément mauvais et mal. Ensuite j'utilise divers outils de répétition média, école,

scientifiques-experts-spécialistes, pub, films, jusqu'à ce que la croyance prenne le dessus sur la réalité matérielle.

Étienne Chouard expliquait ça avec le mot « démocratie ». Si vous dites à quelqu'un qu'on n'est pas en démocratie en France, il va s'offusquer, son système de compréhension va saturer d'un coup, puisque pour lui c'est évident « j'ai le droit de voter, j'ai le droit de crier dans la rue que le président est un connard, pas comme en Russie ou en Chine, donc forcément, je suis en démocratie. C'est ce que j'ai appris à l'école depuis tout petit. Que le vote, c'est la démocratie : vote = démocratie. Y a pas de doute possible ». Pourtant étymologiquement, démos kratos, le pouvoir du peuple, ce n'est pas la liberté d'expression, ou le droit de vote. Le pouvoir du peuple, c'est le pouvoir de décider. C'est-à-dire le pouvoir exécutif et législatif. C'est différent du pouvoir de choisir quelqu'un qui va décider à ma place pendant 5 ans avec la liberté de dire que je ne suis pas d'accord. Mais une fois qu'une idée est construite, c'est très dur de s'en défaire. Une fois qu'on a appris à appeler une démocratie ce qui ne l'est pas, c'est difficile de revenir en arrière. C'est comme ça qu'on apprend à l'école que les militaires sont là pour nous défendre et non pour mener des attaques dans le sens d'enjeux géopolitique et économique. C'est comme ça qu'on apprend que le FMI (fond monétaire international) à été créé pour aider les pays pauvres à se développer. Alors que c'est tout l'inverse, il est là pour endetter les pays pauvres et les mener au désastre. C'est comme ça que la France fait exploser la Libye pour garantir la démocratie. C'est aussi comme ça que Jules Ferry justifiait le colonialisme, non pas pour les intérêts économiques, mais pour quelque chose de plus grand, de plus noble, de philanthrope : « *Il faut dire ouvertement qu'en effet les races supérieures ont un droit vis-à-vis des races inférieures. (…) Il y a pour les races supérieures un droit, parce qu'il y a un devoir pour elles. Elles ont le devoir de civiliser les races inférieures.* »

Revenons à nos moutons

Le sujet de ce livre, c'est la vie, ou du moins de remettre la vie au centre de toute chose, alors revenons-en à ça. Revenons à nos vies où depuis des années nous avons appris à mettre des noms sur des choses qui en sont l'inverse. Revenons à nos vies où depuis des années nos croyances nous font faire l'inverse de ce que nous voulons, l'inverse de ce dont nous avons besoin. Je cite ici trois exemples, mais je pourrais en prendre quinze.

1 La santé

Si je vous pose la question « qui sont les spécialistes de la santé ? » Sans hésiter vous répondrez facilement les médecins. Et vous n'aurez pas tort. Dans notre système de conditionnement, nous avons associé les médecins à la santé. C'est ce que dit d'ailleurs Wikipédia qui décrit les médecins comme des « professionnels de la santé ayant obtenu un doctorat ».

Je me prête à un peu de sophismes : Un boulanger, c'est un professionnel du pain. C'est quelqu'un qui est censé connaître, associer et préparer les meilleurs éléments pour faire le meilleur pain. Un architecte, c'est un professionnel de la construction. C'est quelqu'un qui est censé connaître, associer et préparer l'ensemble des éléments pour construire une maison. On va voir le boulanger pour avoir du bon pain et l'architecte pour construire une bonne maison.

Mais quand est-ce qu'on va voir un médecin ? Quand on est malade.

Grâce à ses connaissances, le médecin va réaliser un diagnostic. Il pourra ensuite émettre une hypothèse sur la pathologie et vous prescrire le médicament adapté pour soigner cette pathologie. Le médecin est formé pour reconnaître une maladie. C'est un « pathologiste ». Ce qui est d'ailleurs plus cohérent avec la racine étymologique du mot*.

Il n'est pas formé pour connaître, associer et préparer l'ensemble des éléments pour améliorer votre santé. Si vous allez voir un boulanger et que vous lui dites « monsieur, je veux faire un bon pain s'il vous plaît », le boulanger sera capable de vous renseigner sur les ingrédients à réunir, vous conseiller sur la qualité des ingrédients, et ensuite vous accompagner étape par étape jusqu'à la réalisation de votre pain.

Allez demander à un médecin « monsieur, je veux être en bonne santé ». Il va vous prescrire un mois de vitamine C en comprimé et terminé. Le médecin n'est pas capable, de par son cursus scolaire, de prendre en charge un individu, de réunir, associer et préparer tous les éléments qui lui permettront d'être en bonne santé.

Aujourd'hui on sait plus ou moins ce qu'il faut pour être en bonne santé. Bien manger, faire un peu d'activité physique, gérer son stress. Est-ce que le médecin sait ce qu'il faut manger ou pas manger? Non, mais il connaît des cures de vitamines s'il identifie une carence.

Est-ce que le médecin sait quel sport faire et comment le faire ? Non, mais il pourra prescrire des antidouleurs si vous avez mal au dos.

Est-ce que le médecin sait comment gérer son stress ? Non, mais il connaît un tas d'antidépresseurs. Le médecin généraliste qu'on va voir en bas de la rue lorsqu'on a une bronchite, il ne cherche pas à savoir le comment du pourquoi. Il vous prescrit le médicament adapté et terminé. Si vous venez le voir tous les 6 mois pour la même bronchite, tous les 6 mois il vous redonne le même traitement.

Ces mots paraissent à charge contre les médecins. Mais ce n'est pas du tout le but. La charge n'est pas contre les médecins. Ce sont des gens extraordinaires qui font un travail extraordinaire. Ils peuvent guérir des cancers et d'autres maladies. Ce qui est questionnable, c'est pourquoi on n'apprend pas comment ne pas tomber malade. On passe plus de temps à étudier comment guérir les maladies plutôt qu'à empêcher qu'elles n'arrivent. Et c'est la conséquence de l'inversion du mot. Lorsqu'on appelle santé ce qui ne l'est pas, lorsque ce qu'on appelle la santé c'est guérir des maladies, on part déjà forcément du mauvais pied. Remettre la vie au centre de toute chose c'est comprendre que la santé n'est que le résultat de mon environnement.

La santé, c'est le résultat de ce que je fais, de ce que je mange, de ce que je pense, de ce que je respire. Prendre soin de sa santé, ce n'est pas vivre dans un environnement toxique et avaler des pilules pour que ça passe. Mais plutôt assainir mon environnement pour qu'il puisse me donner la vie. Protéger la vie de son environnement pour qu'il puisse me donner la santé. D'ailleurs vous remarquerez que le mot santé est synonyme de vitalité. Ce n'est pas anodin, le lien est étroit. Vie, vitalité, santé, les liens sont étroits.

Aujourd'hui c'est les élections présidentielles, et un journaliste fait un micro-trottoir avec des gens qui se rendaient au meeting de Macron. Il pose la question « pourquoi voter Macron ? ». Parmi les différentes réponses, une me marque « il a amélioré la *santé* ». Ici, améliorer la *santé* ça ne voulait pas dire que les français sont en meilleure santé physique ou psychique, ça signifiait selon lui qu'il avait amélioré le système de prise en charge médicale. C'est un exemple marquant de ce à quoi le mot *santé* est associé. De ce que le mot *santé* évoque.

Si je vous dis le mot grenouille, vous allez penser à une grenouille. C'est le but d'un mot, évoquer une chose. Si vous pensez à une vache, c'est que le mot ne vous évoque pas la bonne chose. Demandez à quelqu'un qu'est ce que lui évoque le mot santé, s'il vous parle de médecin, d'hôpital, de médicament, ça confirmera que le sens du mot a été perdu.

*Racine latine : medicus La racine latine medicus signifie médecin. À l'origine, la racine indo-européenne med — exprime l'idée de mesure et d'ordre. On la retrouve dans des mots comme méditer, modéré, module. Le médecin est donc un homme mesuré et sage (voir le serment d'Hippocrate), un homme de mesures (chiffres et calculs) qui prend les mesures qu'il faut pour guérir son patient.

2 L'agriculture

- À quoi ça sert l'agriculture et l'élevage ? → à se nourrir bien évidemment.

Question bête, réponse bête comme on dit. C'est évident, l'agriculture sert à nous nourrir… je suis sûr que vous voyez déjà où je veux venir…

L'agriculture, la culture des sols est une activité essentielle de la vie humaine. Une activité fondamentale puisqu'elle répond à un besoin vital : se nourrir. Se nourrir, ce n'est pas mettre n'importe quoi dans son corps pour ne plus avoir faim. Ce n'est pas activer les hormones de plaisirs avec du sucre. Se nourrir c'est apporter à mon corps les nutriments essentiels au développement de la vie. Pour cela, il faut que mes aliments soient riches en nutriments, il faut qu'ils soient en bonne santé. Or comme l'explique l'ingénieur en agronomie Claude Bourguignon, la nourriture que nous consommons n'est pas en bonne santé. Parce qu'elle provient d'une agriculture qui n'en est pas une « *Nous ne faisons plus de culture en Europe. Nous gérons de la pathologie végétale. C'est-à-dire que nous essayons de maintenir en vie des plantes qui ne demandent qu'à mourir tellement, elles sont malades. Rien avoir avec l'agriculture qui consiste à cultiver des plantes saines (…) On ne mettait pas un pesticide sur les blés en Europe en 1950. Il n'y avait pas un traitement antifongique. Maintenant c'est minimum trois à quatre, sinon le blé il est pourri avant d'arriver dans le silo. Comme on les nourrit aux engrais azotés, ils tombent. Alors on leur met des hormones pour les raccourcir. Autrefois les blés mesuraient 1,50 m, maintenant ils font 60 cm. Et ces hormones détruisent les arbres aux alentours. C'est une catastrophe pour la biodiversité. »*

Ce qui est vrai pour l'agriculture est vrai pour l'élevage. Prenez des vaches laitières par exemple. Les vaches produisent à la base du lait pour nourrir leurs petits veaux. Pas de veaux, pas de lait. Donc jusqu'à leur abattage pour se retrouver dans nos steaks, elles sont régulièrement inséminées pour produire du lait toute leur vie. (Imaginez une vie à être enceinte, pour ensuite être traie, puis tuée pour être transformée en steak). Leurs mamelles s'enflamment à cause du tirage quotidien, donc elles sont médicamentées. En résumé, dans nos yaourts, dans nos bols de cornflex qu'on donne à nos enfants le matin, il y a ce produit qu'on appelle de la nourriture. Il y a ce lait qui vient de vaches inséminées et shootées aux antibiotiques, nourries avec des plantes malades cultivées sur des sols malades.

Dr Thomas de la clinique Paracelcus en Suisse nous dit dans le documentaire sur arte *Le lait, vérités et mensonges* :
« Les vaches ont changées. Elles sont nourries différemment. Chez les vaches aussi l'alimentation joue un rôle essentiel car ce qu'elle mange se retrouve dans leur lait. De nombreuses analyses prouvent que le lait a fondamentalement changé depuis 1983. Il contient désormais beaucoup plus de bêta lacto protéines. De façon générale, il est plus riche en protéines. En revanche ils contiennent nettement moins d'acides gras de type oméga 3. Ils ont également perdu énormément d'oligo-éléments. En

définitive, le lait est quasiment devenu un produit industriel. Ce n'est plus le même lait. »

Imaginez que vous avez économisé depuis très longtemps pour vous offrir une belle voiture. Vous allez au garage, le vendeur est super sympa, beau, souriant, il vous offre un thé. Il vous fait une réduction, vous avez une super affaire. La voiture est flambant neuve. Carrosserie magnifique, belles jantes. Il vous assure que le moteur est une bombe et que vous pouvez faire le tour du monde avec. Vous n'y connaissez rien en voiture, vous faites confiance, il vous a quand même offert un thé. Vous signez ! Mais au bout de 150 km, elle vous lâche. Le moteur prend feu. Paniqué, vous appelez un copain qui s'y connaît en mécanique. Il arrive, ouvre le capot et en un regard d'expert il dit « tu t'es fait arnaquer. La peinture est super, mais le reste est à chier ».

Claude Bourguignon c'est votre copain en mécanique, et le commercial prêt à vendre sa mère, c'est l'apôtre du commerce. Pour avoir une bonne culture, il faut de bons sols, des sols sains. C'est logique. La nature est logique. Claude et Lydia Bourguignon en savent quelque chose, ils ont fondé le LAMS, le laboratoire d'analyse de microbiologie des sols. Ce sont des experts des sols. Ils savent quand un sol est en bonne santé et apte à produire des plantes saines. Avant de lancer leur labo, il travaillait pour l'Inrea, puis je cite *« aujourd'hui on a quitté l'INREA. Puisque lorsqu'on a commencé à dire que les sols mourraient biologiquement, on nous a demandé de nous taire. »* L'inrea c'était l'institut national de recherche économique. Leur mission, disaient-ils sur leur site, était *« d'associer science et technologie afin d'améliorer les techniques de l'agriculture et de l'élevage en France. »* Déjà dans l'énoncé ça part mal « améliorer l'agriculture avec la technologie » ? Comme-ci la nature avait besoin d'être améliorée. Qu'est-ce que le commerce ne ferait pas au nom du progrès ?

Ce qu'ils appellent le progrès, ce qu'ils appellent « améliorer les techniques », c'est imposer les monocultures de masse. Hormone, engrais, OGM, pesticides. En définitive, ce que nous appelons nourriture, n'est pas le résultat de l'agriculture, mais le résultat d'une production industrielle. Ce que nous avons dans nos assiettes, ce ne sont pas des produits issus de l'agriculture. Ce ne sont pas des produits issus de la culture de plantes saines dans un objectif de nutrition. Ce ne sont pas des produits issus d'élevages sains dans un objectif de nutrition.

Il y a donc manipulation. Ce qui est censé apporter la vie tue la terre et nous tue à petit feu pour le commerce et la rentabilité. Remettre la vie au centre de toute chose, c'est redonner du sens au mot agriculture.

3 La valeur

« Il n'a pas la valeur de l'argent lui ». « tu sais combien ça coûte? » « c'est toi qui payes ? »
Ce sont des expressions très connues. Souvent à l'égard d'enfant dit trop gâté. Elles sont utilisées pour caractériser une personne qui gaspille des ressources, qui a des demandes démesurées, ou qui ne sait pas se montrer reconnaissante. Une personne qui n'a pas conscience du coût de la vie. Par exemple, l'enfant qui ne mange pas sa pomme jusqu'aux pépins, qui laisse couler l'eau du robinet, ou qui allume la lumière quand il y a du soleil. On dit qu'ils n'ont pas conscience du prix des choses. Seulement lorsqu'ils grandiront et qu'ils travailleront pour payer, alors ils comprendront. D'ailleurs dans notre société, c'est presque ça le véritable passage à l'âge adulte, c'est quand on est capable de payer ses factures. Le résultat de ce système est

qu'inconsciemment, on a associé la valeur des choses à leur prix. C'est-à-dire la valeur d'un bien, d'un service, d'une ressource est dans l'imaginaire déterminée par son prix dans le système monétaire. On ne dit pas à quelqu'un « tu ne connais pas l'importance de cette chose » on lui dit « tu ne connais pas le prix de cette chose ! ». On ne dit pas « est-ce que tu connais l'importance de l'eau ? » On dit « est-ce que c'est toi qui payes l'eau ? ». La valeur est devenue indissociable du prix. D'ailleurs, quand on ne peut pas calculer le prix d'une chose, on dit que « sa valeur est inestimable ».

Dans le système monétaire, le prix d'une chose est déterminé par sa rareté. Elle peut être rare par sa quantité, sa difficulté à produire, extraire ou acheminer. Plus une chose est rare, plus elle est précieuse, plus elle a de la valeur.
Inversement, plus une chose est disponible en abondance, moins elle est précieuse, moins elle a de valeur.

1 kg d'or coûte plus cher que 1 kg de bois, parce que l'or est plus rare que les arbres.
Cette transcription monétaire du réel, cette codification économique du monde, cette modification du sens du mot valeur est un domino important dans l'histoire de la perdition de l'homme. L'homme a perdu la valeur du réel à partir du moment où il l'a associé à son prix. Plus quelque chose est cher, plus j'y fais attention. Je fais plus attention à ma paire de chaussures à 250 euros que celle à 50 euros. Je fais plus attention à une Ferrari qu'à une Toyota Yaris. Je fais plus attention à mon look quand je vais dans un resto cher que lorsque je vais au fast-food. Je regarde différemment un multimillionnaire et un paysan. Plus il y a de l'argent, plus il y a de la valeur, c'est un schéma de pensée automatisé chez la très grande majorité d'entre nous.

A tort. La valeur d'une chose n'est pas donnée par son prix, mais par sa fonction. Pas sa fonction économique. Pas sa codification monétaire. Sa fonction dans l'écosystème tel qu'il a été créé par la nature et pour la nature. C'est pour ça qu'il y a dichotomie entre le monde scientifique et le monde économique. Ils ne parlent pas la même langue, ils ne peuvent pas se comprendre. Pour le scientifique, chaque arbre, chaque végétal d'Amazonie fait partie d'un ensemble qui permet d'oxygéner la planète. Donc, par leur fonction existentielle, ils ont une valeur véritablement inestimable. Mais oxygéner la planète, ça n'a pas de valeur marchande pour le trader à wall street, ce n'est pas monétisable, donc pour l'instant, les arbres ça ne l'intéresse pas. Or, les arbres sont infiniment plus essentiels à la vie humaine, animale et végétale que l'or. Et les paysans ont autant de valeurs parce qu'ils apportent à l'humanité que les milliardaires. Steve Jobs est très mignon, mais sans des hommes comme Jérôme Larronze, on ne penserait même pas à s'acheter le dernier iPhone. On serait dans nos champs en train de transpirer. Dans les champs, le dernier iPhone, ça n'a pas de fonction, ça n'a pas de valeurs.

Ce qui est monétisable en revanche, ce sont les bâtons de glace, les cure-dents, et les meubles. Des entreprises sont prêtes à acheter du bois pour leur commerce, ça veut dire qu'il y a un marché du bois. C'est cette réduction économique de l'arbre au marché du bois qui créera sa valeur monétaire et qui finalement intéressera le trader. Son objectif sera alors d'obtenir un maximum de parts de marché, c'est-à-dire raser tous les arbres pour les transformer en meubles, en papier et en bâtons de glace. Raser la forêt Amazonienne pour devenir milliardaire. C'est un projet cohérent pour des gens matrixés par la croyance collective de l'argent. S'il n'y a plus d'arbre, c'est pas grave, on fera de l'oxygène artificiellement dans des bouteilles, il y aura alors un marché de l'oxygène et encore un petit billet à faire pour le trader. Plus on épuise une ressource, plus il y a des crises, plus il y a d'argent à faire, donc c'est du gagnant-gagnant pour le trader.

C'est l'ironie de l'histoire : ces gens qui ont cette adoration pour l'argent sont ceux qui connaissent le moins la valeur des choses. Ils en connaissent la transcription économique. Mais ils n'en connaissent pas la valeur de leur fonction dans le réel. C'est pour ça qu'ils détruisent ce qui a le plus de valeur : la terre.

Chapitre V

L'homme est perverti, l'homme a perverti

La connaissance mène à l'amour.

Lorsque j'avais 19 ans, j'ai rencontré une championne de kick-boxing. A cette époque là je faisais du basket, et pour moi monter sur un ring pour se battre, c'était complètement absurde. C'était un sport pour des abrutis qui voulaient une autorisation de se bagarrer. Comme les choses sont bien faites, en partageant la vie de cette championne j'ai été amené à m'entraîner avec elle l'été pour ma préparation physique. Et comme toujours, l'expérience façonne la perception. Il y a une différence entre voir la boxe à la TV et monter sur un ring. Une fois monté, on ne voit plus le sport de la même manière. Finalement, cette expérience m'a fait tomber amoureux de ce sport. En le pratiquant, j'ai vu et ressenti des choses qu'on ne voit pas à la TV. Ce qu'on aperçoit sur nos écrans, ce n'est qu'un centième de cette incroyable discipline. Les parties physique, mentale, tactique, technique et même sociale c'est un sport incroyable. Ce qui est vrai pour la boxe est vrai pour tout. Lorsqu'on se donne véritablement les moyens de découvrir une chose, de la comprendre, on finit souvent par y trouver sa beauté. Avant de faire de la boxe, je ne pouvais pas regarder un combat entier à la TV. Ça m'ennuyait parce que je ne comprenais pas. Je voyais juste deux mecs qui se tapaient dessus. Maintenant je peux regarder toute la journée parce que je comprends chaque mouvement, chaque déplacement, chaque esquive, chaque coup, chaque respiration. Je sais ce que ça représente comme difficulté, je sais ce que ça représente comme heures de travail, je sais par quoi ils sont passés pour en arriver là. Cette expérience, cette compréhension, cette connaissance change complètement ma perception.

Ce qui nous intéresse dans cet exemple c'est que ce qui marche avec la boxe marche aussi avec les humains. Si vous avez vu ce film incroyable *Gran Torino*, vous comprenez de quoi je parle. Clint Eastwood y joue un blanc américain dépassé par l'immigration et envahi par la haine. Finalement à force de côtoyer une famille d'immigré, il les prend en affection jusqu'à les protéger et même se sacrifier pour eux. Ce scénario a été repris mainte et mainte fois dans le cinéma américain, *The Last Samouraï, Danse avec les loups, Avatar* ou même *Pocahontas*. A chaque fois le héros part avec plein d'idées préconçues sur une population, puis le fait de les côtoyer, d'apprendre à les comprendre, ses perceptions changent de la haine à l'amour. Si on devait ne choisir qu'un film pour imager parfaitement ce schéma, ce serait sans hésiter *American History X* avec Edward Norton. Ce film montre parfaitement comment, embrigadé dans un système d'idées, on se retrouve prisonnier de la haine, et comment, grâce à la compréhension, on peut être libéré par l'amour.

J'aimerais que les riches soient pauvres quelques mois, et que des pauvres se retrouvent à gérer des sociétés du Cac 40. Que des flics se retrouvent à vivre dans des cités guettoïsées que les mecs de cités enfilent l'uniforme. Que les journalistes pratiquent un peu l'Islam. Que les parents remplacent deux mois les profs à l'école. Que les politiques prennent les armes sur les terrains de guerre qu'ils déclenchent.

« Si tu n'échanges point mon bonheur contre la souffrance d'autrui, tu n'atteindras jamais l'éveil. Et même dans le monde, tu n'auras nul joie ». J'ai marqué ce proverbe à l'encre sur mon corps quand j'avais 18 ans. J'avais déjà la croyance que la compréhension change tout parce qu'elle mène à l'amour et à la compassion. L'incompréhension mène à la haine et au mépris. La connaissance mène à l'évolution, la coopération, l'émulation. L'ignorance mène à la destruction, à la perversion.

Comprendre le pourquoi

« La matrice est un système Néo, et ce système est notre ennemi. Quand on est à l'intérieur, qu'est-ce qu'on voit partout ? Des hommes d'affaires, des enseignants, des avocats, des architectes. C'est avec leur esprit qu'on communique pour essayer de les sauver, mais en attendant, tous ces gens font quand même partie de ce système. Ce qui fait d'eux nos ennemis. Ce qu'il faut que tu comprennes Néo, c'est que pour la plupart ils ne sont pas prêts à se laisser débrancher. Bon nombre d'entre eux sont tellement inconscients et désespérément dépendants du système, qu'ils vont jusqu'à se battre pour le protéger. »

C'est le personnage de Morpheus joué par Laurence Fishburn qui parle à Néo dans le film *Matrix* sorti en 1999. J'avais 7 ans à ce moment-là. J'étais émerveillé par les effets spéciaux et je n'avais pas la moindre idée de ce que Morphéus racontait. Pour moi *Matrix* c'était un bon film d'action à l'américaine avec des mecs en lunettes de soleil qui esquivent des balles de pistolet.

Ce n'est que plus tard que j'ai eu une sorte de révélation, en visionnant la suite du premier opus : *Matrix Reloaded*. Une scène assez mythique avec le personnage du Mérovingien :

- Mérovingien : Sous notre apparence d'équilibre, la vérité c'est que nous sommes complètement hors de contrôle. La causalité, pas moyen d'y échapper, nous y sommes à jamais asservis. Notre seul espoir, notre seule paix, consiste à le comprendre, à comprendre le *Pourquoi*. « Pourquoi ? » Voilà ce qui nous sépare d'eux. Ce qui vous distingue de moi. *Pourquoi* est la vraie seule source de pouvoir. Sans lui, vous êtes paralysé. Et c'est ainsi que vous venez vers moi, sans *Pourquoi*, donc sans pouvoir. Rien qu'un maillon de la chaîne.
- Voyez-vous, il y a une seule et unique constante, une seule règle d'or, une seule et unique vérité absolue : la causalité. Action, réaction. Cause, et effet. »
- Morpheus : Toute chose commence par un choix.
- Le Mérovingien : Non ! Faux ! Le choix n'est rien qu'une illusion, créé pour séparer ceux qui ont le pouvoir, de ceux qui ne l'ont pas.

« Pourquoi est la vraie seule source de pouvoir ». J'ai absorbé ces mots telle une prophétie. Ces mots me ramènent à la question centrale de ce livre :

« comment en sommes-nous arrivés là ? »

Pourquoi s'est-on perdu si loin de la vie ? Pourquoi avons-nous créé un système qui détruit la vie ? Pourquoi sommes-nous devenus tellement désespérément dépendants de ce système, qu'on va jusqu'à se battre pour le protéger ? Comment en est-on arrivé à protéger ce qui tue la vie ? À protéger ce qui nous vide ? Comment l'homme s'est perverti ? Pourquoi l'homme a perverti ?

L'élément principal de réponse est connu : « l'argent contrôle le monde ». Je ne surprendrais personne en disant ça. C'est un fait établi pratiquement au rang de vérité. C'est quelque chose qui est inscrit dans notre société depuis tellement longtemps, qu'on ne le questionne même plus. Je le sais autant que je sais que 1 +1=2. Pas besoin de le remettre en cause, pas besoin de chercher à comprendre le pourquoi. C'était comme ça depuis très longtemps, c'est toujours comme ça aujourd'hui, et ça le restera bien après notre mort. Mais d'après le Mérovingien, le pourquoi est la vraie seule source de pouvoir. Alors je veux comprendre ce pourquoi. Comment l'argent est arrivé à contrôler le monde ? Pourquoi l'argent nous a pervertis ? Pourquoi nous pervertissons le monde ?

En écrivant ce livre, je me rends compte que ce n'est pas l'argent qui a perverti la vie, mais le commerce. Et plus précisément le fait d'avoir placé le commerce au centre de notre civilisation. À un moment donné dans l'histoire de l'humanité, un cap a été franchi. Les villes et villages n'étaient plus construits pour améliorer les conditions de vie. Ils étaient construits pour répondre aux besoins du commerce. On ne construisait plus les villes là où était produite l'agriculture. Mais là où se déroulait l'activité marchande. Au commencement des premières organisations sociétales humaines, nous vivions comme les animaux, c'est-à-dire à proximité des accès à l'eau, proche d'un accès à la nourriture, proche d'un abri. Ce qui correspond aux besoins vitaux, qui sont manger-boire-dormir. La vie était au centre des besoins. Ni plus ni moins. Les humains ont vécu ainsi des milliers d'années en communion avec la nature, sans détruire structurellement la terre.

Logiquement, les organisations sociétales ont évoluées vers l'échange de biens : j'ai des tomates, tu as des carottes. Je te donne un peu de tomates, tu me donnes un peu de carottes. Dans la même logique, le système a suivi son évolution : je vais faire beaucoup de tomates, que je vais échanger contre un peu de blé, un peu de viande, un peu de pommes de terre. Puis avec le temps, dans une chronologie que je ne saurais pas développer précisément, n'étant pas historien. Nous sommes arrivés aux commerces. Puis pour potentialiser ce commerce, nous avons créé les villes dans lesquelles nous vivons aujourd'hui.

Prenons une ville comme Paris, on se rend compte que cette ville ne crée aucune richesse. Ce que j'appelle une richesse, c'est ce qui doit permettre de sauvegarder et perpétuer la vie. C'est-à-dire ce qui permet de répondre aux besoins vitaux. Ce que j'appelle une richesse c'est donc l'eau, la nourriture et de quoi s'abriter pour dormir. Les habitants d'une ville comme Paris consomment tous les jours ces richesses qui ont été produites à l'extérieur. Je bois de l'eau en bouteille qui vient de l'exploitation de source de montagne ensuite acheminée jusqu'à mon super marché. Je mange des fruits et des légumes qui proviennent de champs agricoles loin de la ville. Je vis dans une maison où les matières premières utilisées pour les construire proviennent d'exploitations minières bien loin de la ville.

Là où je veux en venir, c'est que, lorsque j'habite en ville, je vis coupé des lieux de productions de la vie. La vie est produite par la nature, dans la nature. Finalement, lorsque je vis en ville, je vis coupé de la vie. Pourtant j'ai toujours besoin de répondre aux mêmes besoins vitaux, j'ai toujours besoin de manger, de boire et de dormir. Alors, lorsque je vis dans une ville comme Paris, ma capacité à vivre ne dépend pas de ma capacité à cultiver la vie, elle dépend de ma capacité à acheter la vie. C'est le début de la perversion de l'homme. Je sais que plus je gagne de l'argent, plus je vais pouvoir répondre à mes besoins. Ce modèle a été complètement intégré à la société. Ce n'est pas particulièrement lumineux de dire ça, mais l'intérêt de la réflexion réside dans les mécanismes de cause à effet. C'est d'ailleurs le principe numéro 6 du Kybalion :

Le principe de Cause à effet
« Toute Cause a son Effet ; tout Effet a sa Cause ; tout arrive conformément à la Loi ; la Chance n'est qu'un nom donné à la Loi méconnue ; il y a de nombreux plans de causalité, mais rien n'échappe à la Loi. »

LE KYBALION.

« Ce Principe implique le fait qu'il existe une Cause pour tout Effet produit et un Effet pour toute Cause. Il explique que : « Tout arrive conformément à la Loi » ; que « jamais rien n'arrive fortuitement » ; que le Hasard n'existe pas ; que, puisque il y a des plans différents de Cause et d'Effet, et que le plan supérieur domine toujours le plan inférieur, rien ne peut échapper entièrement à la Loi. Les hermétistes connaissent jusqu'à un certain point l'art et les méthodes de s'élever au-dessus du plan ordinaire de la Cause et de l'Effet. En s'élevant mentalement à un plan supérieur, ils deviennent la Cause au lieu d'être l'Effet. Les foules se laissent docilement emmener ; elles obéissent à tout ce qui les entoure, aux volontés et aux désirs de ceux qui sont plus puissants qu'elles, à l'hérédité, à la suggestion, et à toutes les autres causes extérieures qui les dirigent comme de simples pions sur l'Echiquier de la Vie. Les Maîtres, au contraire, s'élevant sur le plan supérieur, dominent leurs sentiments, leur caractère, leurs qualités et leurs pouvoirs aussi bien que ce qui les environne ; ils deviennent des Maîtres au lieu d'être des pions. Ils jouent le jeu de la vie au lieu d'être joués et dirigés par la volonté des autres et par les influences extérieures. Ils se servent du Principe au lieu d'être ses outils. Les Maîtres obéissent à la Causalité du plan supérieur, mais ils règnent sur leur propre plan. Il y a, dans

cette affirmation une véritable fortune de connaissances hermétiques. Le comprenne qui pourra. »

LE KYBALION.

J'en reviens à *Matrix* :

- Mérovingien : « savez-vous pourquoi vous êtes ici ? »
- Néo : « nous sommes venus chercher le maître des clefs ».
- Mérovingien : « Oh oui, bien entendu. Mais là n'est pas la raison, là n'est pas le pourquoi. Le maître des clefs lui-même par nature n'est qu'un moyen, ce n'est pas une fin, par conséquent, rechercher cet homme revient à rechercher le moyen de faire, quoi ?
- Néo : « vous connaissez la réponse à cette question »
- Mérovingien : "Oui, mais vous ? vous le pensez, mais ce n'est pas le cas, vous êtes ici parce qu'on vous a envoyé ici, parce qu'on vous a ordonné de venir, et vous avez obéi. Ce qui est bien sur la loi universelle.
- Morphéus : « Toute chose commence par un choix »
- Mérovingien : « Non, faux, le choix n'est rien qu'une illusion créée pour séparer ceux qui ont le pouvoir de ceux qui ne l'ont pas. »

A la question du pourquoi, Néo répond par son objectif, par sa tâche à réaliser. Il ne sait pas pourquoi il doit réaliser cette tâche. Mais il sait ce que ça va lui apporter.

Autrement dit : je sais ce que je dois faire, et je sais à quoi ça va me servir, mais je ne sais pas pourquoi je dois le faire. Je sais que je dois travailler parce que ça va payer mon loyer et remplir mon frigo. Je sais que c'est comme ça que la société fonctionne. Mais je ne sais pas vraiment pourquoi elle fonctionne ainsi. J'imagine que c'est pour le bien de tous. L'intérêt du pourquoi est qu'il est directement lié à la question du besoin. La question du besoin pose celles de la quantité et de la limite et donc finalement la relation de cause à effet implique directement la notion d'équilibre. Mais comme peu à peu on a perdu la notion de besoin, on a perdu la notion de limite donc on a perdu l'équilibre. J'ai un bon exemple de ces relations puisque j'écris ces lignes à la période de Noël. La période où l'on n'achète plus les cadeaux par besoin, mais par plaisir. Et comme il n'y a pas de limite au plaisir, si ce n'est le compte en banque, alors il n'y a plus de limite. Plus nous sommes riches, plus nous achetons de cadeaux et cher. C'est comme ça que mon fils s'est retrouvé avec une bonne dizaine de cadeaux. Il a tellement de cadeaux à chaque fête que certains n'ont jamais été utilisés ou même été ouverts. L'exemple des cadeaux de mon fils est tout à fait semblable aux milliers de personnes qui s'achètent chaque jour des habits qu'ils ne mettront jamais, ou peut-être une fois dans l'année. Mais c'étaient les soldes, c'était une bonne affaire. J'ai eu ce t-shirt pour trois fois rien donc ce n'est pas grave. C'est pas grave si j'ai quatre fois plus de t-shirt, robe et pantalon que ce que j'en ai besoin parce que je n'achète pas par besoin. J'ai perdu la notion de besoin, donc j'ai perdu la notion de quantité et de limite, ce qui finalement m'amène à travailler pour acheter des choses dont je n'ai pas besoin.

C'est volontairement provocateur comme raccourci. Bien sûr que l'on travaille aussi pour subvenir à nos besoins, mais vous avez compris l'idée : on a perdu le sens des choses. C'est d'ailleurs comme ça que « le bien pour tous » s'est transformé en « beaucoup pour peu et peu pour beaucoup ». Mais vous connaissez l'adage, lorsqu'on perd le sens des choses, on dit qu'il faut revenir à l'essentiel. Vous l'aurez compris, ce qu'il y a de plus essentiel, c'est la vie elle-même. C'est indispensable de revenir systématiquement au pourquoi parce qu'il permet de ne pas s'éloigner de la vie et de la garder toujours au centre de toute chose. Le pourquoi c'est la vie, puisque la vie est au centre de toute chose. Le pourquoi est la vie et la vie est le pourquoi. Mais en vivant coupés de la vie, nous nous sommes éloignés du pourquoi, nous nous sommes pervertis. Ça ressemble à du charabia philosophique abstrait, mais vous allez comprendre.

Aujourd'hui, celui qui a le plus de valeurs marchandes, ce n'est pas celui qui cultive la terre, c'est celui qui la vend sa production. Notre système consiste à pouvoir acheter la vie, donc pourquoi me casser la tête à travailler la terre, alors que je peux faire travailler quelqu'un pour le faire et ensuite le vendre.

Le système éducatif en est le symbole, puisqu'on envoie les élèves les plus brillants scolairement dans des matières qui vont créer, développer, gérer directement où indirectement le commerce. Alors que les élèves les plus brillants devraient être sollicités sur des activités qui ont le plus d'importance, c'est-à-dire les activités qui permettent de comprendre et entretenir la vie comme l'ingénieur en agronomie Claude Bourguignon. Les jeunes sont envoyés dans des écoles de commerce, de communication et de marketing de luxe. Ils veulent vendre des services, faire de la pub, bosser dans une banque. Le problème c'est que le temps que je passe à faire de business plan, des crédits et des assurances, c'est le le temps que je passe éloigné de la vie. Je suis éloigné de la façon dont sont produites les richesses. En restant si loin pendant si longtemps, on a perdu le sens, on a perdu la valeur. Vous remarquerez qu'on ne vous regarde pas pareil si vous dites que vous sortez d'une « prestigieuse » école de commerce où si vous dites que vous sortez d'un lycée agricole où on a appris à cultiver des tomates en respectant la biodiversité. L'échelle de valeurs a été inversée. Imaginez une société où les écoles de commerce sont remplacées par les écoles de la vie. Imaginez une société qui produit plus de scientifique, agronome, naturopathe que de financier, de commerciaux et de publicitaires

L'exemple des lanceurs d'alerte donne du poids à ma théorie. Vous remarquerez que souvent les lanceurs d'alerte travaillent dans le secteur concerné par l'alerte. Ce qui est logique me direz vous. Mais surtout pour moi ça veut dire que lorsqu'on est quotidiennement au côté de quelque chose qui n'est pas juste, de quelque chose qui va à l'encontre de la vie, quelque chose au fond de nous nous fait réagir. Combien de personnes mangeraient le maïs qu'il a vu tous les jours pendant des mois se faire asperger au produit chimique avant d'arriver dans son assiette ? Combien de personnes mangeraient tous ces produits transformés si elles voyaient tous les jours toutes leurs étapes de fabrication ?

L'homme est perverti, ça veut dire que l'homme est éduqué pour faire des fusions acquisitions, investir dans l'immobilier, créer un shop, des fast foods, vendre des chaussures. Il sait comment optimiser, il connaît le marché. Il sait quand acheter, quand revendre, où et comment. Que ça soit le vendeur ou le consommateur, l'humain a une vraie expertise du commerce. Par contre pour faire pousser une tomate et des pommes l'expertise n'est pas comparable. Je connais le prix de cette tomate, mais je ne connais pas son coût. Je ne connais pas toute l'eau qu'il a fallu consommer pour la produire plus rapidement que la nature ne le prévoit. Je ne connais pas non plus le coût des produits chimiques aspergés dessus et qui détruisent maintenant le sol jusqu'aux nappes phréatiques.

L'homme a perverti, ça veut dire que ça fait tellement longtemps que l'homme dépend de ce système qu'il a créé un système pour protéger le système. C'est-à-dire que le système du commerce a créé le système du capitalisme, et le système du capitalisme a généré la doctrine de l'optimisation et de la rentabilité à n'importe quel prix. Alors qu'il existe des centaines de variétés de tomates, l'homme a créé un système de loi où pour faire pousser une variété de tomate créée par la nature, il faut acheter un brevet. La base du capitalisme étant l'accumulation des richesses, j'ai intérêt à détenir un maximum de brevets d'exploitation pour prendre le contrôle du marché de la tomate. Ensuite, comme je cherche la rentabilité, je vais cultiver les espèces de tomates au plus haut taux de productivité. Et ainsi, alors qu'une centaine de variétés de tomate existent dans la nature qui participait au maintien de la biodiversité, on se retrouve avec moins de 10 espèces de tomates commercialisées dans le monde. L'homme a perverti la nature pour augmenter sa productivité et sa rentabilité. Il pervertit la vie.

L'homme a perverti, c'est aussi l'exemple d'une célèbre marque de soda implanté au Mexique qui, pour les besoins de sa production, est en train de vider les ressources d'eau douce. L'eau douce est devenue tellement rare et donc tellement chère que les habitants les plus pauvres ne peuvent plus se fournir. À tel point que le soda coûte moins cher que l'eau. À tel point que le soda étant moins cher que l'eau, on met du soda dans le biberon des enfants à la place de l'eau. Les enfants meurent du diabète avant 10 ans pour que l'entreprise de soda et ses gérants puissent continuer leurs activités commerciales.

L'homme a perverti, c'est buter des baleines pour faire du rouge à lèvres. On tue des baleines pour se mettre du rouge sur les lèvres. C'est juste hallucinant.

L'homme a perverti, c'est foutre des chiens vivant dans une friteuse pour des festivités.

L'homme a perverti, c'est faire exploser des milliers de bombes atomiques dans la mer pour le plaisir de faire des tests d'armes.

L'homme a perverti, c'est détruire la moitié des forêts de la planète.
L'homme a perverti, c'est les centaines de milliers de barrages à eau partout dans le monde.

L'homme est perverti, ça veut dire qu'il a perdu la réponse à la question du pourquoi. Il a oublié que la vie était au centre de toute chose. Il a oublié que la vie était la réponse au pourquoi. Alors il répond à la question du commerce, la question du capitalisme, la question de la rentabilité, la question de l'optimisation. Et pour répondre à ses questions, il pervertit la nature. Au risque de détruire la vie.

Un penseur avait compris cela bien avant moi :
"Certes la connaissance permet d'augmenter notre « bien-être ». Le bien-être, c'est-à-dire le confort de vie. Mais le problème de ce confort de vie, nous dit Rousseau, c'est qu'il nous ramolli, c'est qu'il nous fait perdre cette vigueur, cette résistance de l'être humain originel. De l'être humain à l'état de nature qui ne peut compter que sur sa force, sur son courage et sur sa vertu pour survivre. Pour Rousseau si l'homme à l'état de nature est plus vertueux que l'homme moderne, c'est tout simplement parce qu'à l'état de nature l'homme est obligé d'être courageux. L'homme est obligé d'être vertueux. Il ne peut pas se cacher derrière l'hypocrisie sociale. Il ne peut pas se cacher derrière l'intrigue, la manipulation. Il est obligé d'assumer le poids du réel et ces contraintes. Et s'il n'assume pas ces contraintes-là, il disparaît. La nature ne se pose pas la question de savoir quel est le statut social ou quelle est la réputation de tel ou tel individu. Le problème de la réputation, il apparaît quand on a

résolu le problème de la survie. Selon Rousseau, nous sommes tous des dépravés. Nous sommes tous des dépravés parce que nous vivons dans une société de confort dans laquelle nous n'avons pas besoin d'être courageux, vertueux et vigoureux. On n'en a pas besoin, et en réalité c'est même le drame de l'histoire, c'est que souvent le plus courageux le plus vertueux sera complètement écrasé dans la société moderne. Il sera ridiculisé, il sera marginalisé, il sera neutralisé par ceux qui possèdent le meilleur statut dans la société. Par exemple, la classe bourgeoise et la bourgeoisie, c'est vraiment quelque chose que Rousseau vomit au plus haut point. Parce qu'il méprise l'hypocrisie, parce qu'il méprise l'attachement à l'image, l'attachement à la représentation, l'attachement au statut. Car pour lui tous ses avantages sont des avantages artificiels créés par des hommes qui ont perdu toute vigueur, créés par des hommes qui n'ayant plus la force d'imposer le respect, n'ayant plus la force de se faire respecter par leur exemplarité et leur héroïsme vont utiliser les armes du faible. C'est-à-dire la manigance et la manipulation. Tout ce qui se trouve aux antipodes de l'idéal vertueux, de l'idéal héroïque, de l'idéal antique. Pour Rousseau, c'est à l'état de nature que l'homme est bon, ce n'est pas à l'état civil, pas à l'état social… Tandis que l'homme à l'état de nature, il doit affronter les prédateurs, il doit affronter les intempéries. Et si l'homme ne sait pas se défendre contre cette hostilité de la nature, si l'homme ne sait pas survivre, si l'homme n'est pas capable de courage et d'abnégation à ce moment-là il ne survit pas. Et c'est parce qu'il est confronté à cette nécessité de la survie que l'homme à l'état de nature est vertueux selon Rousseau. Il n'est pas vertueux du fait d'une élection divine. Il est vertueux du fait de sa condition de vie. Il est vertueux du fait de ces conditions matérielles d'existence."
Source, youtube : Le Précepteur — Rousseau — l'homme est bon par nature

Chapitre VI

L'ouroboros : détruire, construire, épuiser, migrer

« Comment peut-on créer autant de richesse et autant de misère à la fois ? »

Le journaliste Denis Robert dans Thinkerview

Atlantide, Le mythe est réel

En 2001, j'avais 9 ans, j'avais été émerveillé par un film d'animation produit par Walt Disney : *Atlantide l'empire perdu*. Une épopée qui raconte le mythe de la cité antique la plus développée de l'histoire de l'humanité. Un monde aux savoirs et aux technologies sans pareil. J'étais fasciné par l'idée d'une civilisation aux voitures volantes. A cette époque, l'idée d'une voiture volante relevait du domaine de la science-fiction. Un peu comme ce skateboard volant dans le film *Retour vers le futur*. C'était difficilement imaginable qu'on puisse utiliser ce type d'invention de notre vivant. Et finalement, le 14 juillet 2019 lors du défilé sur les Champs-Élysées, Franky Zapata fait découvrir au monde son « flyboard air ». Une espèce de skate volant qui ressemble à celui du Bouffon Vert dans Spider-Man. Le mec se déplace dans les airs sur une planche à plus de 150 km/h. Il fera encore parler de lui 15 jours plus tard.

4 août 2019, « l'homme volant réussit son exploit ». C'est le titre de la vidéo d'Euronews annonçant que Franky Zapata a réussi à traverser la manche en 20 min sur son skate volant. Et voilà ! Ce qui paraissait fou et inconcevable hier se déroule

aujourd'hui sous nos yeux. Ce qu'on voyait dans des films de science-fiction futuristes hier fait aujourd'hui partie de notre quotidien.

Les inventions de l'homme ont complètement transformé le monde. Dans des époques où la vie était très difficile et très incertaine. Où les conditions de vie étaient très rudes. Ces inventions, ces avancées, ces progrès, ces technologies ont radicalement changé notre vie. Tourner un robinet pour avoir de l'eau, appuyer sur un bouton pour avoir de la lumière, en tourner un autre pour avoir de la chaleur. Plus besoin d'aller à la source d'eau douce. Plus besoin de couper du bois. Plus besoin de faire du feu. Plus besoin de chasser.

Les technologies ont amélioré les conditions de vie matérielle de l'homme. Pour beaucoup d'entre nous, l'argent ne fait pas le bonheur, mais il y participe grandement. Il y participe parce que plus je serais fortuné, plus je pourrais améliorer mes conditions de vie. L'idée est solidement ancrée. Plus mes conditions matérielles sont élevées, plus je pourrais améliorer mon bien-être, plus j'ai de chance d'être heureux. Mais comme dit le dicton : "le mieux est l'ennemi du bien". La société de commerce nous fait bien comprendre que pour continuer d'améliorer notre vie, il est indispensable de posséder les dernières avancées matérielles. Le dernier téléphone, la dernière voiture, le nouveau traitement révolutionnaire anti-âge, la dernière TV, la nouvelle carte bancaire, le dernier robot aspirateur. On entend très souvent ça dans les publicités « grâce au nouveau ceci ou cela, développé par des scientifiques, votre vie va changer ».
Autrement dit : plus j'ai accès à des technologies avancées, plus ma vie sera simplifiée, plus j'atteindrais le bonheur. Alors pour les fanatiques du progrès, le CES, Consumers Electronic Show, est le lieu de tous les rêves. C'est le plus grand salon des nouvelles technologies du monde. Il reçoit

chaque année à Las Vegas plus de 15 000 personnes. C'est ici qu'on découvre la société de demain. Des robots qui font le service dans les restaurants. Des robots taxis. Des aspirateurs robots. Des robots pour tout. C'est intéressant de mettre en perspective que des gens très intelligents et très talentueux utilisent leur talent et leur intellect à automatiser et robotiser la vie.

Au Japon, il y a des trains électromagnétiques qui ne touchent pas les rails. On lance des fusées dans l'espace. Des satellites gravitent autour de la terre pour nous donner notre géo-localisation. On construit des sous-marins qui peuvent aller à plusieurs centaines de mètres sous l'eau pendant plusieurs semaines, avec des centaines de personnes à bord. Il y a des trains sous-marins qui transportent les gens de la France au Royaume-Uni. En Russie, il existe une des plus grandes foreuses du monde, qui perce la terre. On produit de l'électricité avec des moulins à vent.

Dans les années 2000 sont arrivés les premiers téléphones portables, alors que j'écrivais encore des lettres à ma première amoureuse de colonie de vacances. 20 ans plus tard, les téléphones sont plus puissants que les ordinateurs. On peut appeler en visio. Commander un repas depuis une application. Calculer le nombre de pas qu'on a marché dans une journée. Regarder n'importe quel film quand on veut sur Netflix, ocs, canal, googlemovie alors qu'en 2005 on devait encore aller louer nos VHS à vidéo futur.

Dans le film *Green Lanterne* avec Ryan Reynolds en 2011, des êtres extra-terrestres utilisent une technologie de traduction automatique pour communiquer entre eux. C'est le genre de technologie que j'ai utilisé lors de mes vacances en Espagne alors que je ne parle pas un mot d'espagnol. Pour communiquer avec quelqu'un, je parlais à mon téléphone qui traduisait automatiquement pour moi.

Internet, TV incurvée, cinéma en 4D, traducteur automatique, drones… Greffe de rein, prothèse de hanches, mâchoire en résine, chirurgie plastique… Bombes atomiques, centrale nucléaire, barrages géants, darknet… culture par pivot, élevage de masse, OGM… la liste semble infinie.

C'est plus de la science-fiction, c'est du réel, on est en plein dedans ! On est en plein dans L'Atlantide. En tout cas au niveau technologique. Agroalimentaire, textile, santé, transports, services, miniers, etc. Tous les secteurs d'activités du monde ont profité du progrès pour améliorer leurs capacités, leurs rentabilités, leur production, leur conservation, leur exploitation. Chaque jour, chaque mois, chaque année, nous continuons de faire des progrès technologiques. On fait mieux, on fait plus, on fait plus vite, et moins cher.

Le coût de la vie

« On fait moins cher ». C'est une affirmation qui est à mettre en perspective. Parce que la notion de « Cher » fait référence au coût. C'est-à-dire qu'en théorie, le prix d'un service ou d'un bien est relatif à son coût de production. Le coût de production, c'est l'argent qui sera dépensé à la création d'un service ou d'un bien jusqu'à sa vente. Mais il y a un autre coût à prendre en compte qu'on oublie souvent : le coût de la vie. Comment on l'évalue ? Comment on évalue en Martinique les nappes phréatiques polluées au Chlordécone pendant 20 ans et qui rend malades les petits enfants ? Certes les bananes poussent plus et plus vite. Ça enrichit économiquement les exploitants bananiers, ça nous fait des bananes pas chères au supermarché. Mais le coût de la vie ?

Le coût de ces bananes c'est des enfants malades et la nature meurtrie. Comment est-ce qu'on évalue le coût de la vie des exploitations massives de soja en Amérique du Sud complètement noyé de pesticides qui rendent malade les gens qui vivent proches de champs ? Mais ça fait des yaourts pas chers.

En 2002 j'avais 10 ans. Je prenais le métro du Pont de Sèvres à Boulogne pour me rendre dans Paris. Alors que j'avais posé mon porte-monnaie riche de quelques francs sur une cabine téléphonique le temps d'un appel, je l'ai bêtement laissé là, happé par l'arrivée de mon bus. J'étais très irritée. Ma mère pleine de philosophie me dit alors : « le malheur des uns fait le bonheur des autres ». C'est une expression connue. 20 ans plus tard, elle prend une autre tournure. J'ai l'impression que le bonheur de certains est au coût du malheur des autres. 20 ans plus tard, j'ai l'impression que les incroyables conditions matérielles de certains sont au coût de terribles conditions de vie pour d'autres. 20 ans plus tard, je comprends que le coût de mon bonheur matériel à moi qui vit à Paris, c'était l'exploitation de la vie autre part.

Dans cette société aux sciences sans pareil. La planète devrait être un véritable havre de paix et de bonheur, grâce à notre intelligence matérielle. Pourtant, rarement la misère extrême n'aura été aussi présente dans le monde. L'ironie de l'histoire c'est que ce que les progrès technologiques auraient dû supprimer, la famine, les guerres, les maladies, ils les ont finalement amplifiés.

Alors que les progrès dans l'agriculture et l'élevage auraient dû supprimer la faim dans le monde. Le commerce mondialisé de l'industrie agroalimentaire crée la famine.
Alors que les armes et l'armée sont censées être utilisées uniquement pour se protéger et assurer la paix. Elles sont

utilisées pour piller les richesses de ceux qui ont moins d'armes et pas d'armées. Alors que la science médicale devrait participer à notre santé. Les bigpharmas se font condamner pour des scandales meurtriers hallucinants. L'exemple le plus connu reste bien sûr ce laboratoire américain condamné à plus d'un milliard de dollars d'amendes pour avoir commercialisé des antidouleurs à base d'opium extrêmement addictif qui a causé plusieurs dizaines de milliers de morts aux États-Unis. Bien plus que le covid. Rousseau nous dit « qu'à mesure que l'humanité progresse sur le plan des sciences, elle régresse sur le plan moral ».

Détruire, construire, exploiter, consommer (épuiser), migrer

Alita : Battle Angel, Elysium avec Matt Damon, *Altered Carbon* avec Joël Kinnaman, *Snowpiercer* avec Chris Evans, *Hunger Games* avec Jennifer Lawrence ou encore *Wall E* et bien sur *Don't Look Up* sont des films qui ont tous en commun une même idée : Une société qui après avoir mené le monde a sa perte s'exile sur un arc, un vaisseau, une zone ultra sécurisée accessible uniquement aux plus fortunés.
Est-ce que ce sont des fictions ou une vision du futur ?
Aujourd'hui l'homme cherche de l'eau sur la Lune, sur Mars. Il cherche une planète qui pourrait accueillir la vie. Pourquoi ? Parce qu'il sait que la surexploitation des ressources à une fin. Est-ce que ce constat lui ferait sacrifier un peu de confort très dispensable pour ne pas courir à sa propre ruine ? Surtout pas : « *A mort les pastèques. Ces hypocrites verts à l'extérieur, mais rouges à l'intérieur. Sous couvert d'écologie, ils veulent juste nous piquer notre argent. C'est des communistes ! Les scientifiques disent n'importe quoi. Si les ours blancs meurent. C'est parce qu'ils ne sont pas intelligents. Rien avoir l'activité de l'homme. La vie c'est le commerce, pas l'écologie. La vie c'est la liberté de pouvoir*

faire ce qu'on veut ! ». Il se dit que s'il tue cette planète, il pourra aller sur une autre. C'est du réel ! « *à mesure que l'homme progresse sur le plan de la science, il régresse sur le plan moral* ». Il régresse sur le plan intellectuel parce que les machines réfléchissent à sa place. L'homme a placé une croyance sans réserve dans le progrès. La logique c'est de régler les problèmes par une nouvelle invention. Un problème créé par une machine ne nous pousse pas à supprimer la machine et revenir à la nature. Mais plutôt à créer une nouvelle machine plus performante. Les gens très fortunés sont convaincus que leur argent leur permettra d'avoir accès à la technologie qui les sauvera du reste en cas de cataclysme.

Imaginez deux hommes sur deux îles désertes différentes. Les ressources présentes sur les îles sont suffisantes pour mener une vie confortable. Mais si la consommation est largement au-dessus des besoins, les ressources s'épuisent sans retour possible.

L'un va suivre ses besoins, respecter le rythme de l'île et assurer sa pérennité et celle de son environnement. Tandis que son contemporain détruira son île pour vivre au gré de ses plaisirs et consommera de façon déraisonnée. Une fois son île détruite, il prendra un bateau pour aller sur l'île de l'autre homme et reproduire le même schéma. Certains hommes répètent inévitablement les mêmes erreurs. Soit par peur, soit par cupidité.

La peur

L'Ouroboros, dans la mythologie égyptienne, est le serpent qui se mord la queue. Il symbolise le phénomène de cycle. La façon dont les choses se reproduisent inévitablement, sans cesse. Le phénomène de cycle marque l'histoire humaine. Les mêmes besoins créent les mêmes actions et génèrent les mêmes peurs. Le besoin de s'alimenter crée l'agriculture, l'élevage, la pêche. La peur de ne pas avoir assez génère l'envie de vouloir plus. La peur est, plus que tout autre, l'émotion qui a façonné l'histoire de l'humanité. « figé de peur », « pétrifié » deux expressions qui métaphorisent la puissance de la peur à nous bloquer. A nous empêcher de bouger, à nous empêcher de réfléchir. La peur nous bloque et nous prive de l'une des plus fortes compétences de l'être humain, la capacité à raisonner de manière logique. La phobie des araignées en est le parfait exemple. En plus de nous bloquer, elle peut nous pousser à avoir des comportements extrêmes, des comportements de sécurisation, des comportements agressifs. On l'a vécu pour le covid au début du confinement, les gens sont partis dévaliser les supermarchés jusqu'aux dernières miettes. On achetait des quantités énormes de riz, de pâtes de farine comme si on allait mourir de faim. Par chance, personne n'est mort de faim. Sinon cela aurait réveillé une nature encore plus sombre de l'homme lorsqu'il a peur de mourir. Par peur de ne pas avoir assez, ou pour la sécurité de l'accès à l'abondance, l'homme a été capable du pire dans son histoire. Du pire envers son prochain, ou en vers la nature. L'homme créé par besoin et tue par peur. Avoir besoin de manger ou avoir peur de mourir de faim, en finalité l'action sera la même : se nourrir. Mais être drivé par le besoin et être drivé par leur peur ne génèrent pas les mêmes comportements. Le besoin pousse à l'effort, à la créativité, à l'ingéniosité, à la coopération, mais surtout à la mesure. La peur du manque pousse à la cupidité, la ruse, l'avarice et bien sûr la démesure.

Vous êtes seul dans le désert, il fait chaud, vous êtes à pied et vous avez soif. Vous avez besoin de boire et au bout de longues heures de marche, vous croisez une autre personne, avec un chameau et une gourde d'eau. Option 1 : vous avez tous les deux peur pour vos vies. Lui a peur que s'il vous donne de l'eau, il n'en aura plus assez pour survivre à sa traversée. Tandis que vous avez peur de mourir s'il ne vous en donne pas. Par peur, il fuira, ou pire vous attaquera pour être sûr de ne pas se faire attaquer. Tandis que par peur vous vous sentirez obligé de l'attaquer pour prendre son eau, votre vie en dépend. Option 2 : il n'a pas peur de vous donner de l'eau et de vous prendre sur son chameau parce qu'il est sûr qu'à deux vous aurez plus de moyens pour chercher et trouver une grande source d'eau.

Ce n'est pas un hasard si les Egyptiens enseignaient dans leurs temples d'éveil à dépasser ses peurs. Dans la pyramide du conditionnement comportemental, la peur est au premier étage. L'instinct de survie conditionne nos comportements. La peur a la faiblesse de sa force. Sa capacité à nous faire réagir instinctivement vient de sa force à nous empêcher de réfléchir sereinement. L'instinct s'oppose à la réflexion. La réflexion est bien sûr une compétence indispensable à l'homme parce qu'elle permet notamment de ne pas répéter les mêmes erreurs. C'est la particularité des civilisations humaines dans l'histoire, leur assiduité à répéter inévitablement les mêmes erreurs. C'est un système rodé dans le monde politique. Si vous souhaitez être président, instiguer la peur des autres dans les médias, la peur que les pauvres nous volent notre travail, la peur que les étrangers nous volent notre pain, la peur que les communistes nous piquent notre argent, la peur que le covid nous tue, la peur de ne pas pouvoir nourrir tout le monde avec le bio, la peur de retourner à l'âge de pierre sans le nucléaire, la peur que les autres nous attaquent sans une forte armée. Promettez que vous allez sauver les gens qui votent pour vous grâce au progrès et à l'économie. Promettez que grâce à vous le sauveur ils seront protégés (la peur) et qu'ils auront plus (cupidité).

Cupidité

Je ne suis pas religieux, mais beaucoup de choses dans les religions me fascinent. C'est le cas des sept péchés capitaux. On dit que la paresse est mère de tous les vices, mais que ce qui a fait le plus de dégât, c'est la cupidité. Dans l'histoire cyclique de l'humanité, la cupidité est le premier et le dernier ingrédient de la fin. A partir du moment où les gens commencent à vouloir plus que ce qu'ils ont besoin, les choses s'enveniment de manière exponentielle jusqu'au point de non-retour. Toutes les civilisations humaines ont connu la même fin engendrée par la même mécanique de la cupidité. Les sociétés humaines s'organisent collectivement pour répondre à leurs besoins (nourriture, habit, construction, protection). Plus les sociétés grandissent (colonisation, fertilité), plus les besoins grandissent, plus l'exploitation des ressources grandit. L'exploitation crée le commerce, le commerce crée l'appât du gain, l'appât de gain crée la cupidité, la cupidité pousse à exploiter, consommer plus que besoin jusqu'à l'épuisement.

Miracle à court terme, désastre à long terme

« I'd like to share a revelation that I've had during my time here. It came to me when I tried to classify your species, and I realised that humans are not actually mammals. Every mammal on this planet instinctively develops a natural equilibrium with the surrounding environment; but you humans do not. Instead you multiply, and multiply, until every resource is consumed. The only way for you to survive is to spread to another area. There is another organism on this planet that follows the same pattern: a virus. Human beings are a disease, a cancer on this planet, you are a plague, and we... are the cure. »

« Je voudrais partager une révélation que j'ai eue pendant mon séjour ici. Cela m'est venu lorsque j'ai essayé de classer votre espèce, et j'ai réalisé que les humains ne sont pas réellement des mammifères. Chaque mammifère sur cette planète développe instinctivement un équilibre avec l'environnement environnant ; mais vous, les humains, non. Au lieu de cela, vous vous multipliez et vous multipliez jusqu'à ce que chaque ressource soit consommée. Le seul moyen pour vous de survivre est de vous propager dans une autre zone. Il y a un autre organisme sur cette planète qui suit le même modèle : les virus. Les êtres humains sont une maladie, un cancer sur cette planète, vous êtes un fléau, et nous... sommes le remède. »

Encore un passage de *Matrix*. Ce film est incroyablement marquant. Mais en 1999, j'avais 7 ans, et je n'étais émerveillé par les effets spéciaux. Je n'avais pas la moindre idée de ce que Smith racontait à ce moment. 20 ans plus tard, je regarde cette incroyable série de trois reportages sur l'eau réalisée par Kelly Mcevers. Dans l'épisode deux, elle raconte que l'agriculture est l'activité qui consomme le plus d'eau. S'il faut 180 l d'eau pour faire pousser 1 kg de tomate, 1500 l pour 1 kg de blé ou encore 15 000 l pour 1 kg de viandes. Je vous laisse imaginer les quantités astronomiques d'eau nécessaire à ces millions d'hectares de culture et d'élevage dans le monde. La quantité est trop grande pour être véritablement calculée. Mais 80 % de l'utilisation humaine de l'eau de source est destinée à l'agriculture et l'élevage.

Depuis les premières civilisations, l'homme a développé nombre de technologies pour assurer cet approvisionnement. Les aqueducs, les rivières, les barrages, mais bien sûr une des plus anciennes est le puits. Le problème vous l'aurez compris est que l'eau n'est pas une ressource illimitée. L'eau du puits n'est pas illimitée. Elle s'épuise. Alors il faut creuser plus profondément, toujours plus profondément pour maintenir cet approvisionnement. Grâce au progrès, grâce à la technologie, les hommes ont pu créer des machines toujours plus puissantes pour creuser. En 1992 l'Arabie saoudite, pays constitué essentiellement de désert, devient le 6eme exportateur mondial de blé, grâce à une technique qui se révélera être une vraie catastrophe : l'irrigation par pivot centrale. Pour alimenter les pivots, il faut des quantités astronomiques d'eau que les Saoudiens sont partis chercher dans les profondeurs de la terre. Cela leur a permis pendant 10 ans de cultiver en plein désert. Ils ont puisé l'eau sans modération jusqu'à l'extinction de ses réserves. Résultat : un miracle pour l'économie à court terme et un désastre écologique sur le long terme. Mais c'est pas grave, ils ont exporté leur technique aux États-Unis. Et quand il n'y aura plus d'eau là-bas, ils iront autre part. Construire, exploiter, consommer, épuiser, migrer.

« Damned if I don't do everything it takes to do just that »

En 2014, un autre film m'a véritablement bouleversé. (Oui, je regarde beaucoup de films). *Noah* de Darren Aronofsky. Mon inexistante culture biblique m'a permis de découvrir l'histoire de L'arche de Noé comme une révélation. Ou plutôt une confirmation. La confirmation de l'observation de l'agent Smith 15 ans plus tôt. Le film raconte notamment comment l'homme a transformé « la création » en violence. Dans son épopée, Noah le héros fait la rencontre d'énormes statues de pierres vivantes. Des anges déchus par le créateur. Ils racontent à Noah qu'ils étaient venus du ciel pour aider les hommes. Que grâce aux savoirs de « la création », c'est-à-dire grâce aux savoirs de la nature, les hommes ont pu développer les outils pour subvenir à leurs besoins. Mais ils en voulaient plus, alors ils ont utilisé ses outils pour bâtir des civilisations industrielles grandes et puissantes pour optimiser l'exploitation des richesses. Et à créer des armes pour s'emparer de tout ce qu'ils pouvaient. En perdition dans cette folie des grandeurs, dans cette soif de pouvoir, ils en sont arrivés à se retourner et tuer ceux qui les avaient pourtant aidés, les anges.

"Tubal-cain : *We are alone. Orphaned children, cursed to struggle by the sweat of our brow to survive. Damned if I don't do everything it takes to do just that. Damned if I don't take what I want.*"
"*Nous sommes seuls. Des enfants orphelins, condamnés à lutter à la sueur de notre front pour survivre. Merde si je ne fais pas tout ce qu'il faut pour y arriver. Merde si je ne prends pas ce que je veux.*"

J'ai une affection particulière pour ce passage parce qu'il illustre parfaitement l'idéologie néolibérale : « prendre ce qui peut être pris ». A N'importe quel prix, à n'importe quel coût. C'est-à-dire le strict opposé du fonctionnement de la nature qui est parfaite parce qu'elle est équilibrée. Équilibré parce qu'elle prend uniquement ce dont elle a besoin. Mais si je suis centré sur l'acquisition, l'extension, l'exploitation, je suis décentré de mes besoins.

Les lois de la nature
« Ceux qui n'évoluent pas meurent ». Les commerçants aiment toujours justifier leur cupidité par une espèce de transversalité des lois universelles. Les mirages d'évolutions, de progrès, c'est l'outil de manipulation de langage pour masquer la cupidité des commerçants. Évolution, adaptation, progrès n'ont pas du tout les mêmes réalités matérielles dans la nature et pour les commerçants. Dans la nature, les êtres évoluent génétiquement pour s'adapter à leurs conditions environnementales et climatiques… mais pour les commerçants, évolution veut dire extension, croissance, gagner des parts de marchés. Cette transversalité est un mirage tout comme l'idéologie progressiste est un mirage.

J'écris ce livre en 2022, et nous sommes à la croisée des chemins. Sommes-nous arrivés au point de non-retour ? C'est ce que pense Adam Mackey dans son film extraordinaire *Don't Look Up*. Les scientifiques multiplient les alertes pour nous alerter sur notre mode de vie. La prise de conscience est bien là. A l'image de cette incroyable marche pour le climat qui a réuni des milliers de personnes partout en Europe. Malheureusement ça reste une minorité. L'Atlantide est réelle, nous y sommes, nos niveaux de savoir et savoir-faire sont très élevés. Nous avons tout ce qu'il faut, tout ce dont nous avons besoin en large abondance.

Est-ce que comme l'Atlantide à nous courrons à notre perte, par peur et par cupidité ? L'expérience façonne la perception. En tant que boxeur, je suis conditionné à ne pas répéter les mêmes erreurs, parce qu'on boxe, les erreurs peuvent être fatales. Si je me prends une méchante droite à l'entraînement parce que j'ai baissé ma garde, l'expérience de la douleur devra me rappeler en combat de maintenir ma garde haute. Nous n'avons pas nous-mêmes expérimenté l'extinction, mais l'histoire a vu toutes ces grandes civilisations s'autodétruire pour la même raison : la folie des grandeurs, la cupidité, vouloir plus. Alors est-ce que l'expérience de nos prédécesseurs peut nous instruire et nous ramener à la raison ? Ou est-ce que nous sommes incapables de dépasser nos peurs et donc destinés à répéter indéfiniment les mêmes erreurs ? Est-ce que le serpent va encore se mordre la queue ?

Chapitre VII

Les dominos de Rousseau

« Qu'est-ce qu'on appelle "Le Progrès" ? C'est une question à laquelle il est difficile de répondre. Parce que spontanément, lorsqu'on parle de progrès, on a tendance à penser soit au progrès matériel. Par exemple au progrès technologique. On a tendance aussi à penser au progrès des libertés. Mais on pense très rarement au progrès de la vertu. On pense très rarement au progrès moral. Et c'est justement ça que veut dire Rousseau. C'est que le progrès en soit, ça ne veut rien dire. La question c'est : "de quel progrès parle-t-on ?"

Est-ce que le fait d'avoir remplacé le combat physique par des poursuites judiciaires, par des calomnies, par des stratégies. Est-ce que ça c'est vraiment, c'est le progrès ? Est-ce qu'on peut parler de progrès lorsqu'on a affaire à de la fourberie ? Est-ce qu'on peut parler de progrès lorsqu'on à affaire au règne de la représentation ?

C'est ça la question que pose Rousseau : "Est-ce qu'on peut encore parler de progrès ?".

Alors évidemment pour Rousseau c'est une question rhétorique. Sa réponse est toute faite. On ne peut pas parler de progrès. Ou en tout cas, on ne peut pas confondre. On ne peut pas associer le progrès des connaissances avec le progrès moral. Rousseau nous dit qu'à mesure que l'humanité progresse sur le plan des connaissances, elle régresse sur le plan moral. »

Le précepteur — Rousseau —
L'homme est bon par nature

N'ayant pas suivi un cursus scolaire général, je n'ai pas eu la chance de participer à des cours de philosophie. Je n'ai pas eu la chance d'étudier, Rousseau, Spinoza, Hegel ou encore Socrate. Mais sur une chaîne YouTube incroyable, un mec absolument talentueux qui se fait appeler Le Précepteur arrive à vulgariser et rendre accessible pour des petits gens comme moi le travail extraordinaire des plus grands penseurs. Un grand merci à lui. Il fait un sujet sur Spinoza qu'il intitule « le libre arbitre n'est-il qu'une illusion ? ». Il utilise alors une image qui me percute, celle des dominos :
« lorsque le dernier domino d'une chaine domino tombe, nous sommes bien d'accord que ce dernier est tombé parce qu'il s'est fait percuter par le domino précédent, et lui-même par le précédent. Et cela jusqu'au premier domino de la chaîne. Donc on peut en conclure que le dernier domino tombe parce que le premier est tombé. »

La racisme n'existe pas
A la manière de Spinoza, ou à la manière du Précepteur, je vais partir du dernier domino à tomber et essayer de remonter jusqu'au premier. Je vais partir d'un problème de société aussi ancien qu'il est d'actualité. Aussi majeur que difficilement perceptible. Aussi connu que non reconnu. Et je vais essayer de remonter au premier domino.

Cette année 2020 a été marquée par le covid bien sûr, mais aussi par un événement d'une ampleur rarement connue en France « black lives matter ». Notre dernier domino sera celui d'un mec mort sous les coups de la police. Je dis un mec, parce que George Floyd ne sera ni le premier scandale de cette année 2020 ni le dernier.

« black lives matters » sera une manifestation de protestation contre ce qui lui semble être des crimes racistes.

Étant de couleur noire, la question du racisme m'a toujours interpellé. En lisant plusieurs ouvrages sur l'histoire de l'esclavagisme, j'ai vite compris que le racisme est un outil qui a été créé de toutes pièces pour servir les intérêts du commerce. C'est-à-dire que le racisme a toujours été une conséquence, mais jamais une cause. C'est une distinction majeure à réaliser.

Il n'empêche que c'est une question qui reste pesante dans la société actuelle : les juifs ont l'impression d'être victimes de racisme, les noirs ont l'impression d'être victimes de racisme, autant que les Arabes musulmans. Les blancs aussi parlent de racisme antiblanc. « La France est un pays raciste » entend-on souvent. Allez dire ça aux Ouïghours, aux Amérindiens, aux Maories, aux Hindous. Ou même encore en Pologne ou au Brésil. En réalité, le problème du racisme est international et intergénérationnel.

Pourtant, à priori, personne ne se considère comme raciste. Et ils ont toujours un argument pour s'en justifier :
« J'ai un ami juif! ».
« ma fille s'est mariée avec un noir »
« mon frère s'est marié avec une Arabe »
« Je suis pas raciste, mais c'est juste qu'on n'a pas les mêmes valeurs »

Pour avoir longtemps médité sur la question du racisme, je crois que les gens ne se mentent pas à eux-mêmes lorsqu'ils disent qu'ils ne sont pas racistes. Je crois sincèrement qu'au fond d'eux, ils ne se sentent pas racistes. Pas raciste au sens « je suis supérieur parce que ma race est supérieure à la tienne ». Effectivement si l'on repart de la définition initiale, le racisme c'est la hiérarchisation des races. C'est-à-dire qu'en adhérant à la base au concept de races humaines, on classe les différentes races à des rangs de supériorités et d'infériorités en fonction de leurs caractères et spécificités. En partant de cette définition, je suis presque convaincu que très peu de gens sur terre sont capables de défendre cette idée-là.

Je n'ai aucune étude statistique sérieuse pour le prouver, mais je suis convaincu que la subtilité se fait autre part. Je crois que ce qu'on appelle par défaut racisme est effectivement une échelle de hiérarchisation. Mais pas « raciale ». Elle est plutôt d'ordre culturel et civilisationnel. Au moment où les sociétés ont placé le commerce en leur centre à la place de la vie. Cela a été un point de départ pour départager ceux qui allaient dans le sens du « progrès » et les autres. Pour départager ceux qui avaient accès au « progrès », et ceux qui vivaient comme des sauvages.

Je pense que dans la question du racisme, le mode de vie passe avant le caractère racial.

C'est-à-dire que si je suis noir, chrétien, bac +5, que j'ai une voiture neuve, un téléphone dernier cri, des fringues à la mode et que je m'alimente à base de fast food et de soda. Et si je suis le même noir, mais animiste, que je roule dans une carcasse, avec un Nokia 3310, des fringues de chez tati et que je bois du jus de gingembre. Et bien hiérarchiquement dans la société, je n'aurais pas la même valeur morale. C'est-à-dire que dans l'imaginaire sociétal, le second exemple est moins évolué que le premier. Le boss du FN peut haïr les noirs et les Arabes, mais si sa fille se marie avec Barack Obama ou un prince héritier saoudiens, là il n'y aura pas de problème. Ça montre que dans la question du racisme, le statut social compte plus que la couleur de peau. Par ailleurs, dans beaucoup de sociétés, on retrouve exactement le même type de violences générées par le racisme dans ce qu'on peut appeler les sociétés de castes. Je me souviens avoir découvert cela en regardant le film *Slumdog Millionaire*. Slumdog ça veut dire « chien de bidonville ». Au début du film, le futur gagnant du jeu raconte les différents niveaux sociaux de la société indienne : les Brahmanes (prêtres), les Kshatriyas (guerriers), les Vaishyas (commerçants), et les Shudras (travailleurs manuels). Puis les Dalits qui sont hors-castes tellement ils sont bas, c'est les intouchables. Jamal le héros est un Dalit. Il n'a aucun droit, aucun bien, il ne peut rien avoir, pas aller à l'école. Il est destiné à nettoyer les toilettes publiques pour survivre au jour le jour. Mais lorsqu'il atteint la notoriété grâce au jeu, son statut social change, et le regard que les gens portent sur lui change. Alors que c'est toujours la même personne d'un point de vue « raciale ». Le plus gros raciste de France se mettrait à genou si sa fille se mariait avec Michael Jordan ou Lewis Hamilton. L'argent et le pouvoir sont plus forts que le racisme.

Les castes, ça existe partout dans le monde. Certaines sont assumées parfois jusqu'aux textes de loi comme au Mali, au Brésil, en Chine, en Corée, en Inde. Ou il n'y a encore guère longtemps aux États-Unis, en Afrique du Sud, en Australie. D'autres sont plus pernicieuses comme éboueur, cadre, médecins, députés, ministres, président. Vous n'aurez pas les mêmes traitements vis-à-vis de la police, de l'école, l'hôpital ou d'une recherche de logement suivant votre catégorie socioprofessionnelle.
Une cliente me raconta un jour « La fille d'une amie s'est mariée avec un arabe. Mais attention ! Le mec a fait les meilleures écoles. Il a un super job. » Le propos se suffit à lui-même.

Le racisme n'existe pas parce que la racine du mot est fausse. Ce qu'on pense être une hiérarchisation raciale est une hiérarchisation sociale. Lorsque sur les terrains de foot en Italic, on traite les noirs de singes et on leur envoie des bananes. On ne le fait pas pour les caractéristiques biologiques de l'homme noir. Puisque de toute façon, le mec qui balance des bananes a en général des connaissances en biologie assez limitées. Mais il associe l'homme noir à un imaginaire environnemental et culturel, dans lequel l'organisation sociétale est matériellement différente des autres hommes. Différentes par, toujours dans cet imaginaire, le manque d'accès au progrès. Si je n'ai pas pu avoir accès à ces progrès matériels, ça veut dire que je suis intellectuellement plus faible et donc moralement inférieur.

« Rousseau nous dit qu'à mesure que l'humanité progresse sur le plan des connaissances, elle régresse sur le plan moral. »

Un humoriste très controversé en France illustre parfaitement ce phénomène dans un sketch sur les Pygmées.
« D — C'est les premiers habitants de la forêt équatoriale les pygmées… Ils sont dans la forêt depuis cent mille ans… J'ai discuté avec eux, ils n'ont aucune conversation. Ils n'ont aucun pouvoir d'achat, ça ne les intéresse pas. Ils sont attachés aux arbres millénaires. Pour eux les arbres de quatre mille ans c'est sacré…
J'en ai rencontré un ; il me demande :
P — *Mais pourquoi vous coupez les arbres ?*
D — Et bien parce qu'on en a besoin andouille. Ils sont là, ils servent à rien.
Il me répond :
P — *Mais c'est vivant, c'est dame nature*
D — Déjà je t'emmerde. Et puis nous on veut faire du papier avec ça !
Il me dit :
P — *Mais pour quoi faire ?* -
D — Bah pour se torcher le cul ! Pour faire des cure-dents. Pour faire des bâtons pour les glaces ? Tu fais comment s'il

n'y a pas de bâton dans ta glace ? Voilà, donc si tu ne sais pas, ferme ta gueule.

S'il n'y avait que moi, on raserait toute ta forêt, et puis on coulerait une dalle de béton. Déjà ça ferait plus propre. Et puis après tu fais des parkings, une zone commerciale… Pour les Chinois, quand ils vont arriver. Il faut être visionnaire. Il faut essayer de se bouger le cul.

Question du public — Est-ce qu'*on ne peut pas les laisser mourir ? (les Pygmées)*

D — Bien sûr que si. Ils sont en train de mourir dans l'indifférence générale. Personne n'en a rien à foutre, ils n'ont aucun pouvoir d'achat…

D — L'autochtone ! Sous prétexte qu'il est là depuis toujours, il se croit chez lui le mec.

D — La dernière fois, je suis tombé sur un pygmée, il était en plein milieu de la route. Le mec était là avec ses trois feuilles de salade (en guise de slip), il était heureux.

Donc je m'arrête et je lui dis : *qu'est-ce que tu fais là ? Bouge-toi, essaie de t'intégrer, essaie de trouver un stage.*

Le mec n'a aucune identité, il n'est inscrit dans aucun registre. Quelque part, il n'existe pas.

D — Je lui dis: *c'est quoi ta nationalité ?* -

Il me répond: *la forêt*

Mais c'est pas un pays la forêt enfin ! T'as pas de drapeau ! T'as pas d'armée ! T'as pas la bombe atomique !

C'est quoi ton projet ? Parle-moi du CAC40, parle-moi Wall Street ! »

Dans ce sketch, qui me fait à la fois rire et pleurer, le comédien donne les indicateurs du progrès, les indicateurs de la valeur : l'habit, le rapport à la nature, les constructions rentables, la force armée, le fichage informatique, la bourse, le pouvoir d'achat. Ce sont les critères d'humanité d'un point de vue occidentale. Sans ces critères, on peut mourir dans l'indifférence générale.

Le sketch raconte parfaitement la condescendance, le mépris et même la haine que peut développer quelqu'un qui est parfaitement intégré dans notre société de commerce à l'égard de celui qui vit dans la société de la nature. Il raconte parfaitement comment la condescendance mène au mépris, comment le mépris mène à la haine. C'est la chaîne de domino que l'on retrouve aujourd'hui dans ce qu'on appelle le racisme. Lorsqu'un policier décide de tuer un homme noir, la couleur n'est finalement qu'un des derniers dominos à tomber. Alors que les premiers dominos de la chaîne sont ceux de la perversion de notre regard par le progrès. La perversion de notre regard vis-à-vis de la vie. Au fur et à mesure que le prisme du progrès grandissait, le prisme de classe grandissait. Au fur et mesure que le prisme de classe grandissait, le prisme de la haine grandissait.

Le sketch des Pygmées finit sur une question :
-   « À la base on est quand même des humains (toi le Pygmée et moi). Alors qu'est-ce qui fait que toi tu allaites un enfant mort, et que moi je bois du champagne ? Qu'est-ce qui s'est passé ? Comment en est-on arrivé là ? Où est-ce qu'on s'est perdu ? »

Chapitre VIII

L'échiquier de la Vie

Besoin vs Capitalisme

Je suis né dans une époque que les plus jeunes ne peuvent pas comprendre puisqu'il n'y avait ni téléphone portable, ni internet, ni réseaux sociaux. Puis le progrès a fait ce qu'il sait faire de mieux et les inventions sont sorties les unes après les autres. Avec toujours cette promesse que grâce à ce nouvel outil « votre vie va changer ». C'est un slogan qu'on entend très souvent dans les pubs, que notre vie va changer. Sous entendu votre vie va changer pour le mieux. Sous entendu, c'est ça que vous avez besoin pour que votre vie soit meilleure. Moi j'avais 10 ans à cette époque et pour moi ce qui passait à la TV c'était forcément sérieux, c'était forcément vrai. D'ailleurs c'est un argument de vente sur certain produit « vu à la TV ». Comme beaucoup d'enfants victimes du marketing, j'ai tanné mes parents, pour qu'ils achètent un téléphone portable, un ordinateur, une nouvelle voiture, un nouvel écran plat. Mais la réponse était codifiée dans le cortex « Pour quoi faire ? Je n'en ai pas besoin ». Pfiou ! ça me hérissait les poils ! Je me disais « mais p*** ! pourquoi ils ne comprennent pas que c'est incroyable ! Pourquoi ils ne comprennent pas que c'est ça qu'il nous faut ? ». Face aux promesses du progrès, ils avaient développé un master en stoïcisme. Le marketing, ça ne leur faisait ni chaud, ni froid. Pendant longtemps j'ai pensé que c'était des vieux schnock qui ne voulaient pas évoluer. Et puis bien sûr plus tard en grandissant, j'ai compris.

Je vous ai dit qu'à vingt ans j'ai travaillé dans l'animation. C'était une expérience enrichissante de travailler avec des enfants. Mais vous seriez peut-être surpris d'apprendre que ce qui m'a le plus marqué, ce n'est pas le travail en lui-même, mais les formations pour y parvenir. J'ai profondément adoré mes formations BAFA et BAFD. Ce sont des petites formations et des petits métiers qui n'attirent pas l'admiration en France. Et pourtant on y apprend des choses aussi intéressantes qu'essentielles. Des choses qu'on ne retrouve pas ou peu dans des formations beaucoup plus diplômantes. Une de ces choses, c'est la célèbre pyramide de Maslow qui hiérarchise les besoins d'un individu. Non seulement on apprend les besoins, mais surtout on apprend à mettre les besoins au centre des projets pédagogiques et éducatifs. Les besoins sont au cœur des apprentissages et c'est une particularité dans une société où la majorité des formations existent d'abord dans une logique commerciale. Y compris la formation principale de l'éducation nationale dont la finalité est l'insertion professionnelle et donc économique. Pourquoi va-t-on à l'école ? Pour avoir un travail et gagner de l'argent évidemment. Alors que dans l'animation, la finalité c'est de répondre aux besoins. D'abord les identifier puis les cibler pour ensuite y répondre. Identifier, cibler et répondre par rapport à un contexte géographique, social, culturel, physiologique. Sur un ensemble de besoins identifiés, on en sélectionne deux à trois. Ce seront les objectifs du projet pédagogique. Ces objectifs auront la condition absolue d'être réalisables et mesurables. Ensuite il faudra définir la stratégie à atteindre, c'est-à-dire les moyens mis en place pour atteindre ces objectifs.

Pour vous donner un exemple concret, en 2013 j'étais directeur sur une colonie d'ados en Bretagne pour l'association des éclaireurs de France d'Orléans. La problématique observée chez les ados à ce moment était la difficulté à organiser une sortie culturelle en autonomie. La conséquence d'un système où ils n'avaient jamais été confrontés à la question de l'organisation de leur sortie. En général l'organisation mise en place c'est :

- On demande aux jeunes ce qu'ils veulent faire. Ils répondent par exemple : aller voir tel film. Et là les animateurs trouvent le cinéma, choisissent l'heure de la séance, transportent les jeunes jusqu'au ciné, payent à la caisse... les gamins consomment leurs films... ensuite les animateurs les récupèrent pour le retour, un petit passage aux glaciers pour un sorbet coco et puis fin de l'activité. Résultat, les enfants n'ont développé aucune autre habileté que celle de s'asseoir dans un siège de cinéma et manger de la glace. De l'observation découle l'objectif: accompagner les jeunes dans la réalisation de leur projet. Sur une sortie culturelle. Dans cette activité, ils devaient aussi commencer par choisir une sortie. Ensuite c'était à eux de l'organiser. Trouver l'adresse. Définir l'itinéraire en transport. Calculer l'heure de départ en fonction de l'itinéraire. Prévoir un encas. Calculer le budget transport-sortie-goûters. Cette mise en place a permis de développer différentes habiletés chez les jeunes.

L'exemple permet d'imager la gymnastique intellectuelle que nous imposent ces cursus BAFA/BAFD. Dans l'exemple un, je ne réponds qu'à un besoin de consommation. Dans l'exemple deux, nous répondons aux besoins essentiels d'autonomie des jeunes. Quand on sait que nombreux sont les adultes qui passent à côté de moments importants dans leurs vies parce qu'ils ne savent pas s'organiser, répondre à ce besoin prend tout son sens. Voilà pourquoi ces formations m'ont marqué. Non pas parce qu'elles m'ont appris à animer des activités pour enfants. Mais parce qu'elles ont conditionné mon cerveau à réfléchir en termes de besoin. Les identifier, les hiérarchiser, et y répondre. Je vous donne un exemple concret et commun: l'alimentation. Amusez-vous à poser la question à votre entourage « manger c'est un plaisir ou un besoin? » Vous serez surpris de la réponse qui est évidente. Mais vous serez encore plus surpris (ou pas) de réaliser que certaines pensent répondre à leur besoin en mangeant alors qu'en fait ils répondent d'abord à leur plaisir. D'ailleurs lorsque vous allez au restaurant, on vous accueille en disant *Qu'est-ce qui vous ferait plaisir?* et non pas *De quoi avez-vous besoin?*. L'expression ne trompe pas. Elle révèle notre rapport à l'alimentation. Les gens se posent rarement la question *Qu'est-ce que j'ai besoin de manger ce soir?* On se dit plutôt *j'ai envie d'une bonne pizza*, ou *je n'ai pas envie de sushi*. Peu de gens raisonnent en se disant: j'ai besoin de tant de calories. De tant de glucides, lipides et protides.

Mes parents n'étaient pas des vieux schnock, ils n'ont pas fait de formation BAFA/BAFD, mais ils ont fait la formation de la vie. Ils résonnaient déjà en termes de besoin et savaient de quoi ils avaient besoin ou pas. Ils savaient ce qui allait vraiment changer leur vie ou pas.

Définitions

*« Le **capitalisme** désigne un système économique caractérisé par la propriété privée des moyens de production, la liberté de concurrence. Par extension, le terme peut également désigner l'organisation sociale induite par ce système ou un système fondé sur l'accumulation du capital productif fondé sur la recherche du profit. (...) Le capitalisme repose sur deux éléments clés : la propriété privée et la liberté d'entreprendre comme source de revenu (dénommé « profit »). Compte tenu du fait que de nombreux systèmes politiques, philosophiques ou religieux, dont bien évidemment le marxisme, s'opposent à l'idée de « profit » soit en totalité, soit lorsqu'il est jugé excessif avec des conséquences critiquables, la compréhension du terme ne peut être dissociée de son contexte d'emploi qui renvoie à des réalités*

sous-jacentes qui peuvent différer : contextes sociaux et politiques, cadres idéologiques, théories de référence qui pondèrent, combinent et articulent de façon spécifique des concepts ou des mécanismes importants tels que : la recherche du profit ; l'accumulation du capital ; la dissociation de la propriété du capital et du travail ; le salariat ; la régulation par le marché.(...) Le mot capital apparaît au xiie siècle et désigne alors une quantité d'argent à faire fructifier. »

« Système économique fondé sur la primauté du droit de propriété individuelle — ou collective ; on parle alors de capitalisme d'État — et en particulier de la propriété privée des moyens de production caractérisés par l'accumulation du capital productif, elle-même guidée par la recherche du profit. Les capitaux, source de revenus, n'appartiennent pas, en règle générale, à celles et ceux qui les mettent en valeur par leur travail. Pour les marxistes, cette recherche systématique de plus-value s'opère par l'exploitation des travailleurs par les propriétaires des moyens de production et de distribution.
Le capitalisme est le système économique de la plupart des pays depuis l'effondrement des économies socialistes planifiées en Europe orientale et centrale, symbolisé par la chute du Mur de Berlin, en 1989." »

« Le capitalisme est un système qui s'enracine profondément dans notre histoire. Régime économique fondé sur l'appropriation privée des moyens de production, il se distingue fondamentalement des autres formations sociales par le fait qu'en son sein le capital est à lui-même sa propre fin. L'accumulation et l'expansion continues des richesses vont ainsi de pair avec une généralisation de rapports sociaux qui mettent en présence des capitalistes et des salariés. »

Voilà quelques définitions qu'on peut retrouver sur internet à propos du capitalisme. La majorité des pays dans le monde sont régis par le capitalisme. C'est ce qu'on peut appeler indirectement la mondialisation. C'est-à-dire un monde où tous les pays sont soumis aux lois du commerce. Le monde dans lequel nous vivons est défini économiquement par le rapport au profit, par le rapport à la rentabilité. J'ai déjà parlé du commerce dans les chapitres précédents. Ce qui nous intéresse maintenant, c'est comment ce rapport au monde nous conditionne dans nos vies au-delà du commerce. Comment le rapport au profit a remplacé le rapport aux besoins. Ils y a trois éléments qui sont centraux dans le capitalisme:

1 - la recherche infinie de l'augmentation du capital.

2 - la rentabilité de la production.

3 - la productivité.

Je prendrais deux exemples marquants pour vous imager comment l'augmentation du capital et la rentabilité et la productivité ont remplacé les besoins.

Capitaliste du temps

« J'aimerais bien, mais j'ai pas le temps! ». Vous aurez du mal à trouver quelqu'un qui n'utilise pas cette phrase pour justifier pourquoi il ne fait pas assez les choses qui sont vraiment essentielles pour lui comme le sport, cuisiner, méditer, partir en vacances ou même juste se reposer, dormir. Certaines personnes disent même qu'elles aimeraient que les journées soient plus longues. Plus de temps pour faire plus. Les génies du commerce ont compris, et ils ont développé un marché très juteux, le marché de la course au temps : caisse automatique, livraison rapide, courses à domicile, pressing minute, épilation minute, fast food, sport en 20 min…la liste est infinie. Tous les services vont vers la promesse de nous faire gagner du temps. Et nous raffolons de ça. On se dit que si on gagne du temps pour faire ça, alors on aura du temps pour faire ceci. Optimiser la rentabilité, pour accroître la production. Voilà comment une doctrine économique qui ne devrait normalement impacter que le système économique, impacte finalement nos vies et notre perception de la vie. Le commerce nous impose un rapport au temps, et nous nous y soumettons. Sauf que le commerce et notre rapport dénaturé aux besoins sont paradoxaux avec la Vie. Et nous l'avons prouvé précédemment → On ne peut pas tricher avec la nature. On a beau courir contre le temps, il nous rattrape et il nous le fait payer. C'est ce que je dis tout le temps à mon fils de 7 ans lorsqu'il fait ses devoirs. Il veut vite finir pour faire autre chose, alors il ne prend pas le temps de bien lire les consignes. Il bâcle son travail et il commet plein d'erreurs qu'il n'aurait pas faites s'il avait pris son temps. Du coup il perd deux fois plus de temps à corriger ses erreurs que s'il avait pris son temps au départ. Pour les adultes, c'est pareil, on passe une partie de notre vie à vouloir faire plus, et on s'en rend malade. Et on passe l'autre partie à essayer de se guérir à coups de vacances paradisiaques, de belles voitures et des restos étoilés . « De simples pions sur l'échiquier de la vie »

« En s'élevant mentalement à un plan supérieur, ils deviennent la Cause au lieu d'être l'Effet. Les foules se laissent docilement emmener ; elles obéissent à tout ce qui les entoure, aux volontés et aux désirs de ceux qui sont plus puissants qu'elles, à l'hérédité, à la suggestion, et à toutes les autres causes extérieures qui les dirigent comme de simples pions sur l'Echiquier de la Vie. Les Maîtres, au contraire, s'élevant sur le plan supérieur, dominent leurs sentiments, leur caractère, leurs qualités et leurs pouvoirs aussi bien que ce qui les environne ; ils deviennent des Maîtres au lieu d'être des pions. Ils jouent le jeu de la vie au lieu d'être joués et dirigés par la volonté des autres et par les influences extérieures.

Ils se servent du Principe au lieu d'être ses outils. Les Maîtres obéissent à la Causalité du plan supérieur, mais ils règnent sur leur propre plan.

Il y a, dans cette affirmation, une véritable fortune de connaissances hermétiques.

Le comprenne qui pourra. »
Le Kybalion

Capitaliste du corps

Je suis coach sportif, donc je peux assurer que les capitalistes du corps, c'est mon quotidien. Productivité, rentabilité, capital. Avoir beaucoup de résultats, en peu de temps, en faisant le moins d'effort possible et garder ce résultat. C'est mon quotidien. Et le marché l'a bien compris puisque tous vont dans le sens de résultats extraordinaires en un temps record sans dépenser beaucoup d'énergie. C'est purement capitaliste et c'est au strict opposé du fonctionnement de la nature. Les victimes visibles de cette aliénation sont les bodybuilders. En France on appelle cette discipline le Culturisme et c'est encore une perversion du mot. Les mots ont un sens, et si on utilise le mot culturisme pour nommer le bodybuilding, c'est pour créer une perception positive de quelque chose qui est profondément négatif. Si vous voulez avoir une représentation concrète de ce dont je parle, regardez le reportage de Ronnie Coleman sur Netflix. Vous comprendrez tout de suite comment son rapport capitaliste avec son corps lui a détruit la santé. Le culturisme par définition c'est être dans une culture du corps. C'est-à-dire une culture de la vie. Ce n'est pas avoir le plus de muscles possible à n'importe quel coût sur ma santé pour remporter des titres de mister Olympia. Mais quand on est capitaliste du corps, la santé, c'est le cadet de nos soucis. Le commerce l'a bien compris parce que les marchés du régime, des compléments alimentaires et de la chirurgie esthétique se comptent en milliards. Le corps de Ronnie Coleman comme beaucoup de bodybuilders est dénaturé. Sans prendre des produits extrêmement nocifs pour la santé comme des stéroïdes anabolisants, il ne pourrait pas avoir cette masse musculaire. C'est la dérive du capitalisme, truquer la nature pour qu'elle donne plus que ce qu'elle peut donner. Peu importe le coût, peu importe les conséquences. Cette masse musculaire se construit au détriment d'autres habiletés essentielles du corps, comme la souplesse ou l'endurance, qui constituent ensemble l'équilibre du corps. Vous vous souvenez du lien étroit entre l'équilibre des systèmes et la vie. Et vous vous souvenez que la santé est synonyme de vitalité. Équilibre, santé, vitalité, vie; et oui! On y revient encore et toujours. C'est normal, puisque la vie est à la base de tout. Alors il faut la remettre au centre.

Remettre au centre ce qui est à la base

Si Ronnie Colemane avait placé la vie au centre de sa pratique sportive, s'il n'avait pas dénaturé sa pratique en la concentrant sur un rapport à l'accroissement infini de résultat. Il serait certainement en bien meilleure santé aujourd'hui. Puisque malheureusement, malgré de nombreuses interventions chirurgicales, sa vitalité est limitée. Mais on ne peut pas tricher avec la nature. Morphéus disait dans *Matrix* « *ils sont tellement désespérément dépendants du système qu'ils vont jusqu'à se battre pour le protéger* ». C'est la tragédie de Ronnie Coleman, lorsqu'on lui demande s'il a des regrets au vu de sa situation de santé actuelle il répond:

« Si j'avais l'occasion de tout recommencer, est-ce que je changerais quelque chose ? *Oui, si j'avais l'occasion de tout recommencer, je changerais une chose. C'est quand j'ai squatté que 360 kg, je ferais 4 répétitions au lieu de 2. C'est mon seul regret dans ma carrière.* »

Vous pouvez difficilement trouver une plus grande preuve d'aliénation. Il est profondément convaincu que détruire sa vie, son corps, sa santé pour devenir Mister Olympia vaut le coup, comme les malades du capitalisme sont profondément convaincus que détruire la nature, la vie, la terre vaut le coup pour devenir millionnaire. On demande souvent aux gens qui font de la musculation, et qui commencent à construire beaucoup de masse musculaire:

-     mais tu vas t'arrêter quand? C'est trop là!

Autant parler en morse à une girafe. Le logiciel n'est pas formaté pour comprendre la question. Le logiciel est capitaliste, et le capitalisme n'est pas basé sur l'atteinte d'objectif, il n'est pas basé sur la réponse à un besoin, il est basé sur une accumulation sans fin du capital. C'est pour ça que Ronnie Coleman n'a pas pu s'arrêter même lorsque sa santé a commencé à le quitter, son cerveau était programmé sur l'accumulation. Il est devenu la cause au lieu d'être l'effet. Il s'est laissé docilement emmené par les désirs de ceux qui sont plus puissants que lui. Et oui, parce qu'il faut comprendre que Ronnie Coleman dans le monde du bodybuilding, c'est une véritable star, presqu'un dieu. Donc c'est un produit marketing incroyable pour vendre du complément alimentaire à tous les jeunes complexés par leurs corps qui débutent la musculation. Le commerce a gagné. Au coût de la santé de milliers et milliers de bodybuilders dans le monde. De simples pions sur l'échiquier de la vie.

Chapitre IX

Mourir pour vivre

« Est-ce qu'il faut attendre de mourir pour apprendre à vivre ? »

Cette étrange question s'est posée en observant trois phénomènes d'apparence distincts, qui produisent pourtant des conséquences semblables. Les survivants d'accident grave, les services de soins palliatifs et la crise de la quarantaine. Ce sont des situations différentes, mais dans les trois cas, ces gens naviguent sur une fine ligne entre la vie et la mort. Et cette expérience, en façonnant leur perception, change leur vision du monde.

Bilan et regret

Lorsque j'avais 19 ans, je jouais au basket. Mon coach de l'époque, qui est devenu un proche ami depuis, m'invite à un apéritif chez lui à Bourg-la-Reine. Je fais alors la rencontre de Rose, sa charmante conjointe. La particularité de Rose est qu'elle est infirmière dans un service de soins Paliatif. La particularité de ce service est que les patients accueillis sont condamnés à vivre leurs derniers moments de vie. Lorsqu'on arrive à la fin d'une chose, on a tendance à faire son bilan. Quittez un appartement et vous vous remémorez les moments vécus, bons comme mauvais. Changez de job et vous évaluez le chemin parcouru. Vendez une voiture et vous calculez si c'était une belle affaire. Une séparation avec votre moitié et vous refaites le monde de « et si ».

Je mange donc mes petits chips dans cet apéritif très convivial, et alors qu'on parle de tout et de rien, donc de

TOUT, donc de la vie. Rose nous raconte son quotidien professionnel. Le quotidien d'un infirmier, qui accompagne chaque jour, des personnes dans leur dernier soupir. Et on l'a dit, quand le chemin touche à sa fin, on a tendance à faire le bilan. Durant cette introspection, la présence d'oreilles bienveillantes est appréciée pour partager ses ultimes pensées. Les infirmières comme Rose ont cette qualité d'écoute pour recevoir ces dernières confidences. Parmi ses pensées, il y a les fameux *regrets du lit de mort* sur toutes les choses qu'ils feraient différemment s'ils avaient une seconde chance.

La question qui intrigue tout le monde finit naturellement par être posée :

Quels sont les regrets qui reviennent le plus souvent ?

La réponse est sans équivoque :

-    avoir trop travaillé
-    ne pas avoir passer assez de temps avec ses proches
-    ne pas avoir assez voyagé.

Dans mes recherches pour écrire ce chapitre, je découvre *The top five regret of the dying*, le livre de l'infirmière australienne Bronnie Ware. Un recueil de témoignages de 400 pages vendu à 3 millions d'exemplaires dans 25 langues. Dans sa liste des cinq regrets qui reviennent le plus souvent, elle cite le même que Rose : avoir trop travaillé.

Australie, France ou partout ailleurs dans le monde, une majorité de gens arrive à une conclusion identique dans leurs derniers instants : j'ai trop travaillé.

Vous souvenez de la fable des *6 aveugles et l'éléphant* ? Il y a toujours plusieurs visions, plusieurs lectures, plusieurs façons d'interpréter une même situation. Si vous demandez leur avis à 6 personnes, vous aurez six avis différents. Et la vérité se composera certainement de ces six avis. Mais pour moi c'est évident. Ces personnes qui regrettent à la fin de leur vie d'avoir trop travaillé se sont égarées dans la quête du matérialisme. Dans cette course sans fin, ils ont perdu l'essentiel. L'essentiel c'est ce qui constitue notre essence, ou qui nous y ramène. Notre essence c'est la vie et ce qui l'a compose. Ils ont trop travaillé en oubliant la vie. Ils pensaient que la vie consistait à travailler pour se payer le confort matériel. Un confort destiné à améliorer leur qualité de vie. Alors que seule la vie peut améliorer la vie. Seule la communion avec la vie, la communion avec la nature, peut améliorer la vie. La nature qu'il y a dans l'assiette qu'on mange chaque jour. La nature de l'eau qui nous lave dans notre bain. La nature de l'air que l'on respire grâce aux arbres. La nature du soleil qui nous donne la chaleur. La nature de la terre qui nous donne des fruits et des légumes. La nature du sourire d'un enfant. La nature de l'amour qui remplit notre cœur de joie.

Lorsque les gens approchent de la mort, ils se rendent compte de ce qui est essentiel. Et ce n'est pas l'argent. La majorité d'entre nous le réalise trop tard. Mais pour quelques chanceux, la vie leur a donné une deuxième chance pour qu'ils s'éveillent avant la fin. Et pour atteindre cet état d'éveil, il faut toucher la mort des doigts. Pour apprendre à vivre, il faut parfois mourir.

Renaissance
Dans mon travail de coach, j'ai la chance de rencontrer beaucoup de gens dans leur intimité. Et ma chance est encore plus grande quand ces personnes m'accordent leurs confiances pour me raconter leurs histoires personnelles. Elles sont toujours enrichissantes. Intellectuellement et spirituellement. L'une de ces histoires est celle de Fabrice et son changement de vie imprévisible. À l'aube de ces 50 ans, Fabrice fait un AVC qui le plonge dans le coma plusieurs

semaines. L'arrêt vasculaire cérébrale est malheureusement devenue monnaie courante pour beaucoup de personnes de cet âge. Mais grâce à Dieu, ou grâce à l'univers, ou grâce à la nature ou grâce à la médecine (chacun son point de vue), il est revenu à la vie. Ce qui est déjà assez extraordinaire en soi. Mais le plus fascinant dans cette histoire, c'est qu'à son réveil, au lieu de reprendre sa vie là où elle s'était arrêtée. Il quitte son travail, vend sa maison, sa voiture, ses biens pour s'acheter un bateau et partir vivre sur l'eau avec le strict nécessaire pour répondre à ses besoins quotidiens. Un virage à 180º. Ce cher Fabrice qui était un modèle de réussite dans le monde occidental capitaliste judéo-chrétien avait tout abandonné. Bon job, gros revenus, gros pouvoirs d'achat, belle voiture, belle maison, belle femme, enfants dans de grandes écoles. La vie parfaite… jusqu'au Big Bang. Cette météorite qui vient détruire votre vie. Pour laisser place à une autre vie. De ce gros accident qui l'a fait voyager aux portes de l'au-delà, il est revenu avec une idée simple, mais lourde de conséquences :

Ce monde de la représentation n'est pas la vie. Ce monde matérialiste n'est pas la vie. La vie c'est être en communion avec la vie. Être en communion avec la nature.

Vous souvenez de Cobbs dans le film *Inception* avec son discours sur les idées qui peuvent vous façonner, vous construire ou vous détruire. Vous en avez la preuve ici. L'idée avec laquelle Fabrice est revenu de la mort lui a détruit sa vie antérieure pour en façonner une nouvelle. L'idéologie a le pouvoir de changer notre vie.

L'expérience de Fabrice raisonne avec le reportage *Au-delà de notre vue* que j'ai découvert sur YouTube. Les réalisateurs Alban Barbier et Anthony Chene donnent la parole à des gens qui, comme Fabrice, ont expérimenté la mort, puis sont revenus à la vie. Souvent à la suite d'un accident grave, ils ont, pendant quelques secondes, subi un arrêt cardiaque et/ou un arrêt cérébral. Pendant quelques secondes ils étaient cliniquement morts. Puis, pour des raisons qui ne sont pas toujours claires, leurs cœurs se sont remis à battre et leurs cerveaux sont revenus à la conscience. Dans le reportage, ces survivants témoignent de ces secondes de mort clinique. Ils racontent un état de conscience unique dans lequel ils ont, pendant un court instant, touché du doigt la vérité universelle du monde. Souvent après cette expérience, ces personnes ont drastiquement changé leur mode de vie.

L'idée d'un voyage dans l'au-delà est ce qu'on appelle EMI (expérience de mort immanente). Le monde occidental cartésien n'accepte pas ce genre de conte de fées. Il n'est pas adepte de ce qui s'apparente au paranormal. Les dogmes scientifiques ont un système binaire très simple : ce qui ne peut être démontré par la science n'existe pas. Cette réduction mentale s'applique à une majorité de la population puisque la plupart d'entre nous nient ce qu'ils ne connaissent pas ou qu'ils ne peuvent pas expliquer. *Je ne crois que ce que je vois* disait un certain St Thomas. Il faut comprendre ici que voir, connaître, expliquer, s'apparente à ce qui est palpable, mesurable. Ainsi l'existence d'un phénomène non mesurable est niée. Pourtant, les témoignages se comptent par millions. Clint Eastwood en avait même fait un film qui s'appelait aussi *Au-delà* (*Hereafter* dans sa version originale). De toute façon, l'objet de ce passage n'est pas de prouver la véracité de phénomènes dits paranormaux. En ce qui me concerne, je suis depuis longtemps convaincu, comme expliquer dans le reportage par le docteur Jean Jacques Charbonier que « la science ne peut pas tout expliquer. Que tout n'est pas explicable ». Ce postulat posé, on peut examiner la réflexion centrale de ce chapitre qui consiste à établir le constat suivant :

- Lorsque les gens frôlent la mort. Ils se rendent compte de ce qui est important et de ce qui ne l'est pas.

Dans le reportage *Au-delà de notre vue*, les témoignages sont mot pour mot semblables au témoignage de Fabrice : *cette vie matérialiste est fausse. Ce n'est pas ça qui nous nourrit ou qui nous rend heureux. Ce qui nous rend heureux c'est la nature et l'amour.*

Il existe une quantité importante de livres, films et documentaires provenant de partout dans le monde, de toute époque qui raconte comment ces EMI changent profondément les gens. Pour Fabrice comme pour ces témoins du reportage, il a fallu toucher la mort des doigts pour comprendre la vraie valeur de la vie. À moitié étonnant puisque comme vous le savez déjà, c'est souvent lorsqu'on perd quelque chose qu'on se rend compte de sa valeur. Vous vous souvenez des mots de Denzel Washington dans le film *The book of Eli* lorsque la jeune fille lui demande comment était la vie avant l'apocalypse. C'est à dire, avant de perdre tout ce que nous avions :

« Les gens avaient plus que ce dont ils avaient besoin. Nous n'avions aucune idée de ce qui était précieux et de ce qui ne l'était pas. Nous jetions des choses pour lesquelles les gens s'entretuent aujourd'hui ».

Crise de la quarantaine ou crise de la vie ?

Je gagne beaucoup moins d'argent, mais je me sens revivre. Voilà les mots d'une animatrice en maison de retraite après avoir fait ce qu'on appelle communément une reconversion professionnelle. C'est ma femme, psychologue dans cet Ephad à Clamart, qui me raconte un soir l'histoire de sa collègue Caroline. Avant d'être animatrice, elle était graphiste dans une grosse société de communication. Un super job dans une super boîte avec un super salaire, mais aussi surtout une super pression. À 40 ans, elle pète les plombs environ. « Travailler toujours plus, pour vendre plus, pour toujours plus de pression. Mais plus pourquoi en fait ? Jusqu'à quand ? Jusqu'à quoi ? Jusqu'où ? » En quête de sens, elle quitte ce monde capitaliste matérialiste pour se réaliser dans une activité ou elle se sent proche des gens. Une activité où elle a l'impression de servir à quelque chose pour les autres. C'est ce qu'on appelle la fameuse crise de la quarantaine. Une crise existentielle où l'on cherche à donner du sens à sa vie. En fait, la quête de sens est une quête de la vie. Ce n'est pas anodin si cette personne a utilisé l'expression « je me sens revivre ». Cela signifie qu'antérieurement, elle ressentait une absence de vie. L'absence de vie c'est la mort. Et lorsque la gens naviguent trop longtemps proches de la mort, ou il tombe (dépression, burn-out, etc), ou la vie les appelle, et ils changent de chemin. Il quitte le chemin de la mort pour revenir vers la lumière. Il quitte l'obscurité pour revenir à la vie.

Ce n'est pas anodin non plus si la crise de la quarantaine est décrite comme une « crise existentielle ». La crise de l'existence, c'est quand on ne se sent pas exister. Et après des années à s'éteindre dans une quête matérialiste annihilante. Quelque chose au fond de vous vous appelle. Et vous avez besoin de vous sentir vivant. Et vous remarquerez que cela passe souvent par se réaliser dans une activité qui ou fait du bien à la nature, ou fait du bien aux gens. On en revient à la communion avec la vie pour animer la vie en soi. C'est la première règle de la vie de l'eau des Esséniens que Guilhem Cayzac nous avait rapporté sur YouTube : « communie tous les jours, en pleine conscience avec la nature, pour que la vie s'anime en toi ».

La crise de la quarantaine et toucher la mort sont des expériences similaires. Vous vous souvenez que l'expérience façonne la perception. Il y a une différence entre savoir que le feu brûle et mettre sa main dans le feu. Il y a une différence entre savoir que ce monde est faux et toxique et voir les portes de l'au-delà.

Ainsi on en revient à la première question : « Est-ce qu'il faut attendre de mourir pour apprendre à vivre ? ». Est-ce qu'on doit nous même expérimenter la mort pour comprendre ? Est-ce qu'on doit passer par les épreuves de Caroline ou Fabrice ou ces millions de personnes qui ont vécu les mêmes choses avant de se réveiller ? Est-ce qu'il faut attendre d'être dans un lit aux services de soins palliatifs, à quelques heures de la mort, pour comprendre ce qu'est la vie ?

Chapitre X
Conclusion

Remettre au centre ce qui est à la base

La maïeutique de la base au centre

Grâce encore au travail du précepteur sur YouTube, je découvre Socrate et la maïeutique. La maïeuticienne nous explique-t-il, c'est une sage-femme. La sage-femme est la personne qui fait sortir quelque chose qui est déjà en vous. De ce que j'en comprends, la maïeutique selon Socrate consiste à faire ressortir quelque chose qui est déjà en nous. Faire sortir une réflexion, une idée, une pensée qui est déjà en vous. Un savoir que vous avez déjà. Mais que vous avez du mal à bien apprécier parce qu'il est encore en vous. Tout le monde sent son cœur battre, mais peu de gens savent véritablement à quoi ressemblent leur cœur, sa taille, son point ou sa couleur. Tout comme le bébé qui est encore dans le ventre de la mère, vous le sentez, vous avez l'impression de le connaître, mais vous ne l'avez pas encore vu, touché, senti, mesuré, pesé, testé. Et puis quand il sort, tout prend forme, c'est à la fois une découverte et une confirmation.

Le *Système solaire* porte ce nom parce que le soleil est en son centre. Et que tout ce qu'il y a autour tourne autour de ce centre. C'est à la fois de centre, et à la fois la base du système solaire. Il était là en premier, et c'est de lui que tout le système, toutes les planètes dépendent. Sans soleil, pas de système solaire. C'est logique et ça tombe de sens. Si quelqu'un, ou quelque chose, pour des raisons d'exploitation économique, déplaçait le soleil, ou le coupait en pièce, ou exploitait sa chaleur pour le vendre à d'autres systèmes de la galaxie, notre système solaire ne serait plus. C'est logique. Le centre, c'est ce sur quoi les autres choses s'appuient pour tourner. Comme la mine du compas tourne autour de sa pointe. La raison d'exister du centre, c'est de faire tourner les autres choses. Si vous abîmez le centre, si vous abîmez le soleil, vous finirez par perdre ce qui tourne autour. Alors pour leurs propres survies, l'intérêt fondamental des choses qui tournent autour de ce centre doit être de défendre, protéger et cultiver ce centre. Puisque si le système commence à tourner autour d'une autre chose que ce qui est sa base, il sera en péril. Si quelqu'un ou quelque chose venait à faire tourner le système solaire autour de ses intérêts personnels plutôt qu'autour du soleil, l'ensemble du système solaire serait en péril. Puisque ce qui nourrit le système, ce qui lui a donné vie et qui entretient sa vie, c'est le soleil. Ça n'aurait pas de sens de le faire tourner au tour de la banque intergalactique. C'est quelque chose que vous savez, c'est un savoir qui est déjà en vous. C'est logique et ça tombe sous le sens, sauf pour les politiciens qui ont d'autres intérêts que défendre ce qui est fondamental.

Faire face aux faits

Nous sommes au mois d'avril 2022 et les questions politiques sont au centre de l'actualité en cette période d'élection. Entre les deux tours de vote, les derniers candidats se rencontrent pour ce qu'on appelle le « débat d'entre deux tours ». Débattre, ça veut dire se battre, s'affronter pour que mes idées battent celles de mon adversaire. L'objectif n'est donc pas de comprendre la pensée de mon compatriote pour avancer ensemble. Mais d'éliminer ses idées pour gagner des électeurs. Chacun présente tour à tour ces arguments. Et bien sûr l'élément central de ces débats est toujours l'économie et tout ce qui en découle. Pour ces gens, ce qui est au centre de toute chose, c'est évidemment l'économie. Ils ont mis l'argent à la base de toute chose et de cette base que découlent tous les restes : le chômage, l'inflation, le développement, la sécurité, l'immigration. Tout est lié à l'argent. Et le candidat qui gagne toujours, c'est celui qui donne le plus de sécurité sur la manière dont l'argent sera géré. C'est-à-dire en finalité : comment notre train de vie sera assuré.

Lorsque j'avais 19 ans, j'étais très jugeant sur ces questions. J'avais l'impression que le choix de vote d'une personne le définissait. J'avais le sentiment que voter à droite c'était être profondément avide ou voter FN c'était être profondément raciste. Bien sûr j'étais naïf. Mais j'étais encore plus naïf sur le fait que voter à droite ou à gauche pouvait changer profondément les choses. Depuis la primaire on m'avait imprimé au marteau que le vote c'était l'outil citoyen absolu. Que c'était un outil qui détenait un pouvoir énorme pour changer les choses, pour changer le monde. Bien sûr, en grandissant, j'ai déchanté. Les générations qui me précèdent subissent encore ce conditionnement. Le conditionnement du héros. Le conditionnement du sauveur. Un leader beau, bon, charismatique et généreux. Ils ont été bercés avec les histoires de De Gaulle, Napoléon, d'Alexandre. Le conditionnement d'une organisation ou quelqu'un de meilleur que les autres doit guider le peuple qui n'est pas capable de se guider lui-même. Se déresponsabiliser et donner les reines à un leader est quelque chose de « relativement naturel ». On le retrouve dans la nature avec des chefs de meutes chez les gorilles, les lions, les singes, les loups. Pour ma part j'y ai été confronté au basket. Dans les sports collectifs, lorsqu'on est dans le dur, lorsqu'on a peur, on donne le ballon au joueur le plus fort et on espère qu'il fera un exploit. C'est une stratégie de fuite qui permet de se sécuriser en disant en cas d'échec : c'est de la faute du leader, on lui a donné le ballon, il était censé marquer et il a raté, c'est à cause de lui. Si on perd, ça sera de sa faute, et si on gagne il aura les louanges, mais on en profitera aussi.

En tant que coach, j'ai toujours dit que le sport était une analogie de la vie, j'y crois dur comme fer et le basket me le montre encore. En NBA, il y a 32 équipes qui s'affrontent pendant 82 matchs de ce qu'on appelle la « saison régulière ». Au terme de la saison régulière, les 16 plus mauvaises équipes sont éliminées, et les 16 meilleurs disputeront un tournoi final appelé « playoffs » pour remporter le titre de champion. En NBA, on a coutume de dire que la vérité de la saison régulière est différente de celle des playoffs. Parce que le niveau de compétitivité et d'adversité s'élève. Alors ce qui peut faire votre succès pendant la saison régulière peut vous mener à perdre en playoffs. En saison régulière, lorsque l'adversité est relativement faible, vous donnez la balle au meilleur joueur et il vous fait gagner le match. Mais en playoffs, ça ne suffit plus, l'équipe qui gagne le titre de champion est l'équipe qui joue ensemble. Michael Jordan a dû faire face à cette réalité avant d'enfin devenir champion et gagner ses six titres de champion. C'est très bien expliqué dans *The Last Dance*. Si vous avez eu la chance de voir cette série incroyable sur Netflix, vous comprenez. Au cours de ces sept premières années dans la ligue, Michael Jordan écrasait les adversaires durant la saison régulière, mais échouait en playoffs contre les équipes moins talentueuses, mais qui jouaient collectivement. La stratégie du coach simple : donnez le ballon à Michael et écartez-vous du chemin. Échec après échec il insistait, marquait toujours plus de points, toujours plus fort individuellement, mais échouait toujours en phases finales contre les meilleures équipes. Un changement de coach va changer la donne, les Chicago Bulls recrutent Phil Jackson qui dit à Jordan « tu vas moins marquer, tu vas faire plus de passes, on sera une meilleure équipe, et on va gagner ensemble ». Ça n'a pas manqué, ils n'ont fait que gagner par la suite. Pour avoir du succès collectivement, Michael Jordan a accepté d'avoir moins de succès individuel. Après sept années à échouer, Michael Jordan a compris que ça ne pouvait se faire autrement qu'ensemble. On ne peut pas donner la balle à quelqu'un et espérer qu'il va nous sauver. On doit avoir le courage de sortir de sa zone de confort, de prendre ses responsabilités pour faire les actions importantes. La beauté du sport, je l'ai dit plus haut, c'est que ce que l'on retrouve dans le sport, on le retrouve dans la vie. Le dilemme de la responsabilisation est une épreuve qu'on retrouve dans le sport, comme dans la vie. Donner le ballon au joueur fort en espérant qu'il nous sauve, et le blâmer si ça ne marche pas, ça c'est le vote électoral. On élu un président en espérant qu'il réalise ses promesses, et si ça ne marche pas, on dira que c'est de sa faute. Pouvoir écrire des lois, décider des budgets, décider des actions, réaliser les actions importantes, ça c'est être responsable de son destin, ça c'est la démocratie. Michael Jordan l'a compris, et pour le comprendre il a dû faire face au faits. Le fait que tout seul, il n'y arriverait pas. Il a fait face, il est sorti de sa zone de confort, il a réalisé les changements nécessaires. Il faut que tout le monde soit impliqué, il faut que tout le monde joue son rôle. C'est dans ce système que les Chicago Bulls ont marqué l'histoire du sport en remportant six titres NBA.

Les politiciens n'ont pas étudié Michael Jordan, puisque, échec après échec, ils continuent de répéter les mêmes erreurs qui mènent aux mêmes problèmes. Ou peut-être est-ce de notre faute, nous qui continuons d'avoir confiance en un système qui a multiplié les échecs. Dans un sens, c'est normal, c'est très difficile de faire face à l'échec, de faire face aux faits. C'est difficile d'admettre ses torts. C'est encore plus difficile lorsque reconnaître ses échecs peut m'amener à perdre son pouvoir, son argent et ses avantages.

Dans le manga Naruto Shippuden, il y a ce super méchant qui se fait appeler Pain. L'histoire de Pain, c'est celle d'un orphelin de dix ans qui a dû apprendre à survivre dans un pays en guerre. De ce qu'il en dit, l'expérience qu'il a accumulée durant cette période de guerre, l'expérience de la mort, des massacres, de la souffrance, de la haine, lui a permis d'évoluer. L'expérience d'une douleur, d'une peine extrême, lui a permis d'évoluer, et de dépasser la condition d'homme pour atteindre celle d'un dieu omniscient. Lui vient alors cette révélation: permettre à l'humanité d'évoluer comme lui, grâce à l'expérience d'extrêmes souffrances. Il se met donc à détruire village après village jusqu'à se faire arrêter par le héros Naruto. Bien sûr, c'est une fiction, et le raisonnement de Pain est faussé. A quoi le reconnaît-on ? Et bien parce que dans la réalité, la souffrance, la difficulté, la peine, ne font pas évoluer l'humanité. Si c'était le cas, après toutes les guerres et les massacres qu'ont connus l'humanité, on vivrait au jardin d'éden. Si l'humanité apprenait de ses erreurs, elle aurait construit un véritable paradis, mais c'est loin d'être le cas. Aujourd'hui, en vacances, ce qu'on appelle « les petits coins de paradis » c'est souvent des endroits ou il n'y a pas d'homme, où il n'y pas d'activité humaine. Comme ci, l'homme est le paradis étaient opposés.

En fait l'humanité n'apprend pas de ses erreurs parce qu'elle n'arrive pas à les reconnaître. Elle n'arrive pas à les identifier. Elle n'arrive pas à faire face aux faits. Elle n'arrive pas à dire « ça ne marche pas, et ça n'a pas marché ». Elle n'y arrive pas, parce qu'elle n'est pas centrée sur les bonnes choses. Elle n'est pas centrée sur la vie, mais sur le commerce. Elle pense que c'est l'argent qui va régler ses problèmes. L'humanité pense encore que plus elle aura de l'argent, mieux elle vivra. Que l'argent est au service de la vie. Alors que depuis longtemps nous avons mis nos vies au service de l'argent. Elle n'arrive pas à faire face à ce fait. Faire face aux faits, c'est s'exposer, c'est se mettre en danger, c'est sortir de sa zone de confort. C'est dire « la maison que je viens de construire, elle ne fonctionne pas, elle s'écroule, il faut recommencer différemment ». Mais non, comme on n'a pas envie de dormir dehors quelques nuits, on n'a pas l'énergie de tout recommencer, on préfère mettre un peu de scotch par ci, un peu de colle par là et prier pour que ça s'écroule le plus tard possible. Nous avons peur d'être dehors. Lorsqu'on a trouvé ses habitudes dans une maison, aussi bancale soit-elle. On fera tout ce qu'il faut pour rester à l'intérieur, quitte à se battre pour être à la meilleure place dans cette maison bancale.

La stratégie de protection numéro une c'est la justification. La justification permet de se détourner des faits et d'utiliser toujours plus de colle et de scotch. On l'utilise beaucoup dans le sport. Par exemple au basket, ou foot, on va dire qu'on a perdu, mais qu'on « s'est fait voler par les arbitres ». Ce qui veut dire que sans les arbitres on aurait gagné. Donc ce n'est pas de notre faute. On n'a rien à se reprocher, on n'a pas à se remettre en question. Faut juste changer les arbitres. « C'est de la faute des autres », c'est de la faute des politiques et de la corruption, c'est de la faute des pauvres et des prestations sociales, c'est de la faute des riches qui volent tout l'argent. C'est de la faute à la guerre. C'est de la faute au covid. C'est de la faute à la Russie, aux Américains, aux Chinois, aux musulmans. C'est les médias. Sans les autres, tout irait bien.

« L'enfer c'est les autres » disait Sartres.

Mais ça ne marche pas ! Tu supprimes les riches il y a les musulmans, tu supprimes les musulmans il y a les chinois, tu supprimes les Chinois il reste les pauvres, tu supprimes les pauvres il reste la guerre, tu enlèves la guerre il y a le covid. Tu peux jouer avec la manette dans tous les sens, appuyer sur tous les boutons, ça ne marchera pas. Ça n'a pas marché, ça ne marche pas, et ça ne marchera pas. Il faut faire face à ce fait : ce n'est pas les autres. Et ce n'est pas une question d'argent. Est-ce que tu vis mieux quand t'es millionnaire que quand tu gagnes 10 k euros par mois, 1000 euros par mois ou 0 ? Je vois des millionnaires alcoolique, cancéreux, dépressif, suicidaire. Les mêmes problèmes existent peu importe l'argent. C'est un fait. L'argent n'achète ni la santé, ni le bonheur. C'est un fait. Pourtant on continue de mettre le commerce et l'argent au centre des choses pensant que c'est ce qui va nous apporter la santé et le bonheur. Les riches ne sont pas en meilleure santé que les pauvres. Ils n'ont pas moins de cancer, moins d'attaques cardiaques, moins de rhumatismes, moins d'arthrose, moins d'alzheimer ou parkinson. Ils vivent parfois plus longtemps, grâce aux médicaments, aux implants de dents, de cheveux, de greffes d'organes, de liposuccion, de bypass. Mais il y a des pauvres qui vivent après 100 ans sans tout ça. Donc on ne peut pas dire que ce système fonctionne. C'est factuel. Mais on a trop peur de tout changer alors on continue avec le scotch et la colle. Un coup c'est les musulmans, un coup c'est les juifs, un coup c'est les chinois un coup c'est les chômeurs. Un moment donné : Stop !

Juifs, chrétiens, musulmans, chinois, danois, ouzbek, riches, pauvres, menuisier, agriculteurs, trader, on en revient quoi qu'il arrive à la même chose. A la chose que les politiques ont oubliée. A la chose que nous avons oubliée dans chacune de nos actions : la vie. La terre. La nature. Remettre au centre de toutes choses ce qui est la base de toute chose.

Ce qui est la base de toute chose et qui lie toute chose, c'est la vie, c'est la terre, c'est la nature. C'est là que toutes les luttes convergent. C'est de là que tous les chemins viennent et là où tous les chemins convergent. C'est de là que toutes les vies viennent et là où toutes les vies convergent. La terre est au centre de la vie et c'est là qu'il faut la garder, dans chacune de nos petites actions au quotidien, grande ou petite.

Il n'y a qu'une seule façon de régler les problèmes du chômage du racisme des riches des pauvres des maladies des guerres c'est de promouvoir la vie. Les concepts d'organisation sociale comme la démocratie, la monarchie, le capitalisme, le productivisme, les libertés, la propriété, les frontières, l'argent, l'immigration patati patata ne sont que secondaire tant que la vie n'est pas respectée. Tant que la vie n'est pas au centre de toute chose, les problèmes apparaissent. C'est le problème des problèmes. C'est la cause des causes. Étienne Chouard disait que la cause des causes c'est la constitution. Moi je dis que c'est la vie, la terre, la nature. C'est ce qui constitue toute chose et qui lie toute chose.

Détruire la vie, c'est le problème qui crée tous les autres problèmes. Détruire la vie, c'est la conséquence du productivisme. Le capitalisme est fautif autant que le communisme peut l'être. Toute organisation sociale, tout modèle qui ne met pas la vie au centre de toute chose se retrouvera tôt ou tard dans les mêmes problèmes.

La question du modèle d'organisation sociale, la question du système nous ramène à la question d'introduction de ce livre :
« comment en sommes nous arrivés là ? »
J'ai donné mes éléments de réponse au cours des 8 précédents chapitres. La question qui suit naturellement c'est « qu'est-ce qu'on peut faire ? »

Utopiste, fataliste ou vivant ?

Mér — Pourquoi est la seule vraie source de pourvoir, sans lui vous êtes paralysés.

Mor — Toute chose commence par un choix.

Mér — Non, faux. Le choix n'est rien qu'une illusion pour différencier ceux qui ont le pouvoir de ceux qui ne l'ont pas. Et c'est ainsi que vous venez vers moi, sans pourquoi, donc sans pouvoir, rien qu'un maillon de la chaîne.

Discussion entre Morphéus et le Mérovingien
— Matrix Reloaded

« C'est le sentiment d'impuissance qui nous empêche d'agir. Le fait de se dire qu'on est tout petit, et qu'on est impuissant, ça nous immobilise ».

Denis Robert sur Thinkerview

Je perçois une certaine complémentarité entre le Mérovingien et Denis Robert. Le premier nous explique que s'attacher à savoir pourquoi nous faisons telle ou telle chose, ou pourquoi on nous encourage à faire telle ou telle chose permet de rester souverain de ses actes. Le deuxième nous explique qu'il faut dépasser le sentiment d'impuissance, qu'il faut arrêter de se dire que ce n'est pas possible et qu'on ne va rien changer. Cela me semble être les bons ingrédients pour se mettre en action. Les bons ingrédients pour reprendre le pouvoir. C'est la conclusion utopiste de ce livre. J'utilise utopiste de manière ironique parce que dès qu'on parle de changement, on est souvent un utopiste qui vit dans le monde des bisounours. En réalité, il n'y a ni l'un ni l'autre dans mon esprit. Je suis simplement le conseil de Denis Robert. Dépasser le sentiment d'impuissance pour trouver des solutions à cette question immobilisante : « mais qu'est-ce qu'on peut faire nous de toute façon ? »

Au préalable il faut d'abord dépasser la pensée binaire à laquelle les médias nous ont conditionné et ont malheureusement altéré notre capacité de réflexion. Le calcul binaire vient de la programmation informatique. Il n'y a que deux valeurs possibles dans ce système, 0 et 1. Ou c'est l'un ou c'est l'autre. Il n'y a pas de 0,1 pas de 0,5. Pas de possibilité à la nuance ou à la complexité. La traduction médiatique du système binaire c'est les émissions « pour ou contre ». Nous avons eu de bons exemples dans l'actualité récente, notamment avec le vaccin pour le Covid. Les titres des émissions TV c'étaient : « pour ou contre le vaccin ». Grâce au système binaire, si vous n'étiez pas pour, vous étiez forcément contre. D'ailleurs vous pouviez même être pour le vaccin pour une certaine partie de la population, mais estimer que n'étant pas une personne à risque, vous n'aviez pas besoin de vous faire vacciner, alors là vous êtes en « antivax, complotiste, gaucho islamofasciste ». Si vous êtes neutre, vous êtes aussi un antivax. C'est ainsi dans la bible anglaise du Roi James « if you are not with me, you are against me ».

La traduction comportementale de ce système binaire se résume en ces questions :
« bah d'accord, c'est bien beau tout ça, mais qu'est-ce qu'il faut faire alors ? C'est quoi ta solution ? Tu veux changer le monde ? Tu veux supprimer le commerce ? Supprimer l'argent ? Tu veux qu'on retourne dans la jungle ? Vivre en tribu ? Habillé en peau de bison ? Se déplacer en carrosse ? Supprimer les téléphones, supprimer internet et communiquer par pigeon voyageur ? Supprimer les robinets pour aller chercher l'eau à la source? »

Ou vous êtes avec moi, ou vous êtes contre moi. Ou vous êtes pour le progrès ou vous êtes un homme de cro magnon. Ou vous défendez le système capitaliste, c'est-à-dire le système de l'exploitation de toutes les richesses, de toutes les ressources, sans limites dans le seul et unique but de s'enrichir toujours plus. Ou vous voulez vivre à l'âge de pierre. Cette dualité nous pousse à l'immobilisme puisque bien sûr nous ne voulons pas retourner à l'âge de pierre.

Par chance, nous ne sommes pas des robots, nous ne sommes donc pas contraints ou zéro ou un. Nous ne sommes pas contraints à une opposition fataliste. Nous sommes des êtres incroyablement complexes capables de percevoir des nuances et d'envisager la complexité. Cette complexité, je la présente ici par une vision que je pensais avoir inventée sous le nom de la « théorie de l'outil ». En écrivant ce livre, je réalise qu'elle existe déjà depuis l'Égypte antique sous un autre nom : Le principe de cause et d'effet.

« Ce Principe implique le fait qu'il existe une Cause pour tout Effet produit et un Effet pour toute Cause. Il explique que : « Tout arrive conformément à la Loi » ; que « jamais rien n'arrive fortuitement » ; que le Hasard n'existe pas ; que, puisqu'il y a des plans différents de Cause et d'Effet, et que le plan supérieur domine toujours le plan inférieur, rien ne peut échapper entièrement à la Loi.

Les hermétistes connaissent jusqu'à un certain point l'art et les méthodes de s'élever au-dessus du plan ordinaire de la Cause et de l'Effet. En s'élevant mentalement à un plan supérieur, ils deviennent la Cause au lieu d'être l'Effet.

Les foules se laissent docilement emmener ; elles obéissent à tout ce qui les entoure, aux volontés et aux désirs de ceux qui sont plus puissants qu'elles, à l'hérédité, à la suggestion, et à toutes les autres causes extérieures qui les dirigent comme de simples pions sur l'Echiquier de la Vie. Les Maîtres, au contraire, s'élevant sur le plan supérieur, dominent leurs sentiments, leur caractère, leurs qualités et leurs pouvoirs aussi bien que ce qui les environne ; ils deviennent des Maîtres au lieu d'être des pions. Ils jouent le jeu de la vie au lieu d'être joués et dirigés par la volonté des autres et par les influences extérieures.

Ils se servent du Principe au lieu d'être ses outils.

Les Maîtres obéissent à la Causalité du plan supérieur, mais ils règnent sur leur propre plan. Il y a, dans cette affirmation, une véritable fortune de connaissances hermétiques.

Le comprenne qui pourra. »

Esclave de l'outil

L'outil c'est un objet qu'on utilise pour réaliser une action. Par exemple, j'utilise un arrosoir pour cultiver mes tomates, ou un marteau pour construire ma maison. La théorie de l'outil, c'est de dire qu'on utilise un outil depuis tellement longtemps qu'on ne se demande plus vraiment pourquoi on l'utilise. On l'utilise depuis tellement longtemps qu'on pense que « c'est comme ça », que l'outil fait partie de notre vie. On ne se pose plus la question pourquoi l'outil a été inventé. On l'utilise parce qu'on n'envisage plus de faire autrement. On a tellement intégré l'outil comme une composante de la vie qu'on en devient dépendant. On ne connaît plus la cause, donc on sublt les effets.

L'outil des supermarchés est un exemple intéressant : certains foyers conditionnés par leurs réalités économiques vont toutes les semaines dans d'énormes supermarchés à la recherche des meilleures promotions pour trouver les produits les moins chers possibles pour se nourrir. « la course au moins cher » un schéma tellement ancré qu'on le questionne même plus. Devenu tellement dépendant de ce système, je suis prêt à fermer les yeux sur toutes les conditions et conséquences de production pour être en capacité d'acheter tout ce qui fera mon bonheur. Obstruant que ce qui peut participer à mon bonheur aujourd'hui, pourra participer à ma perte demain. Mais c'est comme ça ! On n'est pas en Corée du Nord, on ne va pas être rationné !

Le problème n'est pas l'outil. Mais ce qu'on en fait. Le problème c'est d'oublier l'essence de l'outil, et d'en devenir son serviteur. Le problème c'est d'oublier l'essence de la vie, et de vivre à travers l'outil. Le problème c'est de devenir tellement désespérément dépendant de l'outil, qu'on le fait passer avant la vie. C'est-à-dire qu'on va continuer d'utiliser l'outil sans se poser de questions, alors que cet outil détruit la vie. Malheureusement, comme on l'a vu dans le chapitre « cercle vicieux », ce système d'exploitation n'est pas sans limites.

Mon utopisme ne consiste pas à supprimer toutes les avancées technologiques de ce monde pour revenir à l'âge de pierre. Mon objectif est de se recentrer sur l'essence du monde, pour ne pas construire un outil qui viendrait à le supprimer. L'outil du supermarché doit permettre répondre aux besoins d'alimentation. Répondre aux besoins de nourrir son corps pour être en bonne santé. Tant que l'outil est centré sur la vie, il est viable. A partir du moment il est centré sur le commerce, alors il va chercher la rentabilité. Grâce à son pouvoir économique, grâce à son pouvoir sur le marché, il va mettre une pression de productivité aux producteurs qui seront contraints, pour survivre, de compromettre la qualité des aliments avec des OGM et des insecticides. L'outil est alors perverti. Si nous sommes pas capable d'identifier cette perversion, alors courons nous à notre perte comme le prouve les montées des toutes les maladies liées à l'alimentation. Nous en avons déjà parlé dans le chapitre 3.

L'agriculture, c'est un outil. Un outil qui permet de nourrir l'homme. Le problème ce n'est pas l'agriculture. Le problème c'est qu'on a oublié que l'agriculture doit être au service de la vie, et non du commerce. La Vie doit passer avant le commerce, et j'espère de tout cœur que ce livre vous y aura convaincu. Si je recentre la Vie au centre de mon mode de vie, je n'accepte plus de consommer une agriculture qui la détruit. Je n'accepte plus une agriculture qui va détruire les sols, détruire la biodiversité, détruire la vie.

La pêche est un outil, qui permet de nourrir l'homme. Le problème n'est pas la pêche. Le problème c'est que la pêche est devenue un outil du commerce et s'est transformée en ce qu'on appelle la surpêche pour répondre à la logique du capitalisme : rentabilité, bénéfice, profit.

L'agriculture, la pêche, l'élevage, le textile, les supermarchés, les téléphones, les réseaux sociaux, la TV etc. Le problème n'est pas l'outil. Le problème c'est ce qu'on en fait. Le problème c'est d'en devenir esclaves au point d'accepter l'inacceptable.

L'argent ou l'outil des outils. L'outil des outils ne reste qu'un outil. L'argent n'est que l'outil qui traduit les relations commerciales des hommes. On a oublié son essence. On en est devenu dépendant. Comme si sans argent il n'y avait pas de vie. Alors que c'est l'inverse. Sans vie, il n'y a pas d'argent. Alors que sans argent, il y aura toujours la vie.

Comment faire pour reprendre le pouvoir ? Comment faire pour ne plus se laisser dominer par l'outil ?

Ce que j'observe me donne de l'espoir : dans ma ville, il y a 20 ans, il n'y avait pas de magasin bio. Je me souviens que ma mère devait traverser le 92 jusqu'au Plessis-Robinson pour trouver un magasin bio. Il y a 20 ans, on passait pour des hurluberlus à manger bio. On était des illuminés. Aujourd'hui il y a 4 magasins bio dans ma ville. Sans compter les rayons bio dans chaque magasin, sans compter toutes les marques qui déclinent leurs produits en bio. Est-ce que le bio est la solution miracle ? Non, je serais bien naïf de le penser.

Mais s'il existe un marché du bio qui a explosé en 20 ans, cela signifie qu'il y a de la demande. Cela veut dire que la mentalité du consommateur alimentaire a changé.

Ce constat existe dans tous les domaines aujourd'hui « le fair trade », « la pêche durable », « élevés en plein air », « 50 % de sel en moins », « -30 % de sucres », « empreinte carbone », appareils électroménagers de « catégorie A », « biodégradable », « 100 % recyclés », les sacs papiers qui remplacent les sacs plastiques, les villages vacances « vert », les voitures électriques, la liste est exhaustive. Il y a un éveil collectif vis-à-vis de la planète. Les questions de consommer moins et mieux sont d'actualité. À l'image de la marche pour le climat, qui a été la plus grande manifestation des 10 dernières années en France et dans d'autres pays.

Je ne suis pas utopiste parce que je rêve d'un monde meilleur. Je n'ai simplement pas encaissé la fatalité que « le monde est comme ça » et qu'on ne peut rien y faire.

Résultat, répétition, résilience, processus
Depuis l'école primaire, nous sommes évalués sur un système de notation. Ces notes ont une importance extrêmement déterminante parce qu'elles conditionnent notre parcours scolaire et donc aussi très souvent nos vies. Mais surtout, elles conditionnent aussi notre cerveau à la manière dont nous évaluons les choses. Notre critère d'évaluation principal est devenu la performance. Ou vous avez 20 et c'est bon, ou vous avez 0 et c'est nul. Ou vous
êtes bon et c'est bien, ou vous êtes mauvais et c'est pas bien. Dans le sport, c'est un ennemi puissant parce que la personne qui s'évalue sur la performance est toujours frustrée de ne pas être au niveau où elle veut être. Parfois, ça pousse même à l'abandon. Celui qui a souvent des 0, des 5, des 6 se désintéresse et abandonne. Je l'ai souvent vu

dans le sport, et aussi dans la vie. Alors je répète toujours à mes clients ces trois choses :

- « Ne regarde pas ton niveau aujourd'hui. Mais le chemin parcouru. Tout ce qui compte, c'est ta progression par rapport à hier. »
- « Fais confiance aux processus. Si tu fais les efforts, tu auras du résultat. Ça n'existe pas de faire des efforts et de ne pas avancer. »
- « La régularité est plus importante, mais aussi plus dure que l'intensité. Vaut mieux faire 30 minutes toute l'année. Que tous les jours 1 heure pendant un mois. »

L'objectif : déconstruire le conditionnement de l'évaluation à la performance. Reconstruire le rapport au processus. Construire le conditionnement du marche par marche, brique par brique. Déconstruire le rapport à l'immédiateté éphémère, reconstruire le rapport à la durée pérenne.

Comme toujours, ce qu'on retrouve dans le sport on le retrouve dans la vie. Le professeur de philosophie politique Barbara Stiegler, dans une interview sur la chaîne YouTube Thinkerview, répétait sans cesse à la question « qu'est ce qu'on peut faire ? » :

- *Il faut agir ici, et maintenant.*

Arrêtez de penser que ça ne sert à rien parce que c'est un problème à grande échelle, et que c'est seulement à grande échelle que ça peut être réglé. Parce que ce qui constitue la grande échelle c'est l'ensemble de chaque petites marches. Arrêtez de penser que parce qu'on ne voit pas le résultat tout de suite, ça ne sert à rien. Faire ce qu'on peut faire, ensemble, a notre niveau, aujourd'hui chez soi, un petit peu, chaque jour, une brique, une marche, un pas, un peu moins de ceci, un peu plus de cela. Un petit peu moins de peur, un peu moins de cupidité, un petit peu plus d'amour, un petit peu plus de vie.

L'histoire de l'humanité est pleine d'exemples de systèmes injustes qui semblaient immuables et qui ont pourtant évolués. L'esclavage des noirs, la fin de la royauté, la fin de dictature (Pinochet, Amin Dada, Sadam Husein etc), la fin des Empires. Elle est aussi remplie d'acquis sociaux qui paraissaient impossibles et qui se sont quand même imposés. Le vote, les congés, le droit de vote de femme, les congés maternité, les congés paternité. Tellement de choses qui nous semblent aujourd'hui évidentes mais qui paraissent complètement utopiques il y a encore 100 ans, soit deux générations. Idriss Aberkan disait dans une conférence sur Tedex *Les révolutions suivent toujours le même schéma « ridicule, dangereuse, évidente »*.

Allez parlez de congés paternité il y a 50 ans, on vous aurez rit au nez. Et pourtant aujourd'hui cette avancée sociale est bien réelle au point qu'elle est même évidente. Mais souvenez vous qu'on a tendance à négliger ce qui est évident. Quand on néglige quelque chose, on en oublie l'essence, on en oublie le pourquoi, on devient esclave de l'outil, esclave de la peur, esclave du système, esclave du confort.

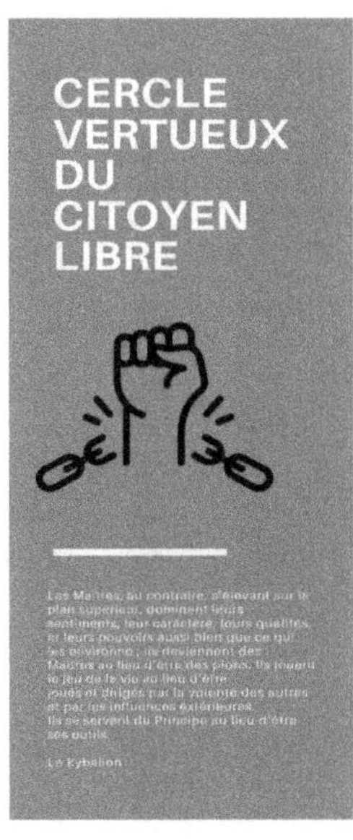

CERCLE
VERTUEUX
DU
CITOYEN
LIBRE

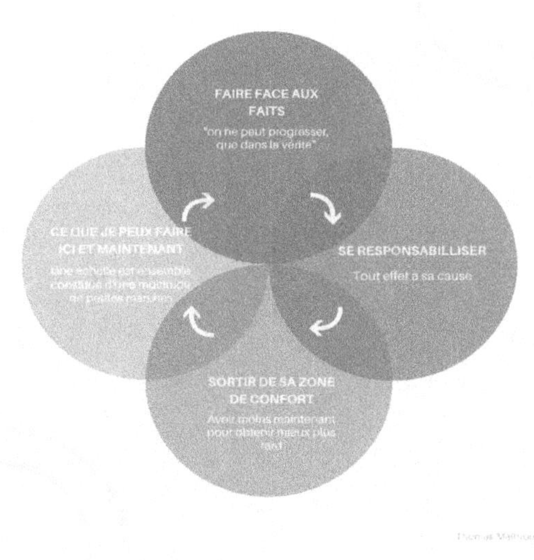

FAIRE FACE AUX FAITS
"on ne peut progresser, que dans la vérité"
SE RESPONSABILLISER
Tout effet a sa cause
SORTIR DE SA ZONE DE CONFORT
Avoir moins maintenant pour obtenir mieux plus tard
CE QUE JE PEUX FAIRE ICI ET MAINTENANT

CERCLE
VICIEUX DU
CITOYEN
ALIÉNÉ

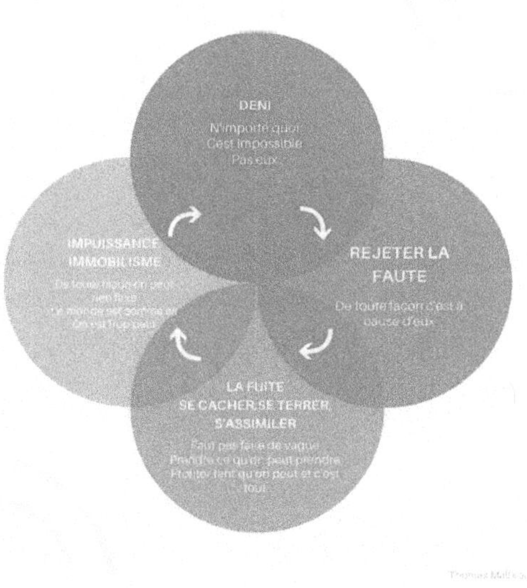

DENI
N'importe quoi
C'est impossible
Pas eux
REJETER LA FAUTE
De toute façon c'est à cause d'eux
LA FUITE
SE CACHER, SE TERRER, S'ASSIMILER
Faut pas faire de vague
IMPUISSANCE
IMMOBILISME